ALIÉNOR

PRIEURE DE LOK-MARIA

(SIÈGE DE LA FÈRE, 1594)

Règne de Henri IV.

PAR

Pitre-Chevalier.

TOME DEUXIÈME.

PARIS,
W. COQUEBERT, ÉDITEUR,
48, RUE JACOB.

—

1842

ÉTUDES SUR LA BRETAGNE.

ALIÉNOR
PRIEURÉ DE LOK-MARIA.

II.

ÉTUDES SUR LA BRETAGNE.

ROMANS HISTORIQUES.

Jeanne de Montfort. (Époque guerrière; 1342.)
Michel Colomb. (Époque des arts; 1490.)
Aliénor de Lok-Maria. (Époque de la Ligue; 1594.)
Conan-le-Têtu. (Époque maritime; 1690.)
Melle de Kersac. (Époque révolutionnaire; 1793.)
Alix-les-yeux-bleus. (Mœurs actuelles; 1840.)
Fées et revenants. (Traditions fantastiques.).

PARIS. — IMPRIMERIE DE SCHNEIDER ET LANGRAND,
1, rue d'Erfurth.

ÉTUDES SUR LA BRETAGNE.

ALIÉNOR

PRIEURE

DE LOK-MARIA.

(EPOQUE DE LA LIGUE : 1594.)

Règne de Henri IV.

PAR

PITRE-CHEVALIER.

TOME SECOND.

Paris,
W. COQUEBERT, ÉDITEUR,
48, RUE JACOB.

1842

ABCDEF# ALIÉNOR.

Seconde Partie.
MARIE DE BRETAGNE.

VIII

LE GRAND CONSEIL.

La grande salle était située au premier étage du château, dans la tour du Gouverneur. A en juger par les traces qu'on en démêlait encore l'an dernier, à travers la démolition officielle de cette tour, on y arrivait par un escalier pratiqué dans un mur de dix pieds d'épaisseur, après avoir traversé l'étroit espace où se voit encore la citerne, et où s'élevait l'ancienne chapelle du château. Les fenêtres de la salle devaient regarder, au midi, sur le port, et de là sur toute la baie de la Forêt; à l'ouest, sur le pont-levis de la citadelle, et de là sur la route de Kemper. L'ameublement de la pièce n'était pas aussi simple qu'on eût pu le présumer d'un château-fort, habité assez rarement. Quelques visites des ducs de Bretagne et en dernier lieu de la duchesse Anne, la richesse d'ailleurs et l'amour-propre des habitants de Concarneau, avaient fait de cette demeure un séjour digne d'un personnage comme le duc de Mercœur. Seulement, chaque époque ayant apporté son luxe et son goût, les modernes chefs-d'œuvre de Bernard de Palissy brillaient sur des bahuts gothiques, auprès des hanaps massifs du quatorzième siècle.

Les portières du moyen âge pendaient aux cintres sculptés par la Renaissance, et les vieux fauteuils en bois ciselé avaient été couverts de satin rayé d'or, venu de Tours.

Avant que la porte de la salle s'ouvrît aux officiers du duc, il y était enfermé depuis une heure avec sa femme; et tous deux tenaient un conseil particulier dans lequel ils n'étaient pas d'accord.

Debout, avec une sorte de respect et dans un costume très-simple, quoique fort riche, devant la duchesse qui était vêtue de blanc avec une recherche extraordinaire, le prince lui parlait d'un air de déférence et presque de soumission, qui contrastait singulièrement avec sa taille altière et sa mâle figure (1).

---

(1) Au moment de corriger les épreuves de ce chapitre, et tout en poursuivant nos recherches, nous devons à l'obligeance de MM. les conservateurs du cabinet des estampes, à la Biblio-

C'est que l'orgueilleuse et séduisante Marie de Bretagne avait dompté son époux comme ses lieutenants, et toute l'autorité qu'elle

thèque royale, la découverte de plusieurs portraits fort remarquables du duc et de la duchesse de Mercœur, dont les recueils de Montcornet, d'Odieuvre et de Caignières ne nous avaient donné que de grossières images. Ces deux personnages étant historiquement les plus importants de notre livre après Henri IV, et n'étant pas d'ailleurs généralement connus, les détails qui suivent ne sauraient manquer d'à-propos. Les quatre portraits du duc, dont un le représente à cheval, se ressemblent si parfaitement, qu'ils doivent inspirer la plus grande confiance. Le premier est signé Thomassin, le second Jérôme Wierx, le troisième Antoine Wierx, et le quatrième Tho. de Leufo. Les uns et les autres sont entourés d'inscriptions telles que celles-ci :

> Tu vois dépeint Philippe de Lorraine
> En deux tableaux pleins de diversité.
> En ce portrait gist sa face hautaine,
> Et en ces vers son courage indompté.

> Mercurii ducis ora vides, quo præside tellus
> Armorica innumeris fulget decorata trophæis.
> O decus Austrasiæ, pietas tutata, fidesque,
> Æternas statuunt tua circum tempora lauros.

Une autre inscription compare Philippe de Lorraine à son

avait prise sur lui suffisait à peine à l'affermissement de ses irrésolutions.

En ce moment-là même, cet homme, si

aïeul Godefroy de Bouillon, et lui promet une gloire pour le moins égale à celle du conquérant de Jérusalem. Mais si les poëtes ont exagéré le mérite du duc de Mercœur, les peintres n'ont point flatté sa figure, et leur sévérité nous est un nouveau garant de leur franchise. La première chose qui frappe dans ces portraits, c'est une double ressemblance avec deux types moins opposés qu'on ne croit, celui de Henri IV et celui de Rabelais. Cette ressemblance, quant à Rabelais, réside plutôt dans l'ensemble des traits que dans aucun trait particulier, mais elle n'en est peut-être que plus frappante. Le tour du visage est presque rond. Le nez, assez court verticalement, se prolonge horizontalement et s'élargit vers le bout. Le front, large et développé, est la plus belle partie de la figure. Les cheveux, épais et courts, se hérissent en petites boucles naturelles, tout à fait comme ceux de Henri IV. Le même rapport est saisissant dans la bouche aux lèvres épaisses, dans la barbe entière, allongée en pointe sur une petite fraise, et dans les moustaches retroussées en croc sur les joues, jusqu'à la hauteur des pommettes. Le sourire rappelle complétement celui de l'auteur de Gargantua. Quant au caractère du prince de Lorraine, il est tout entier dans le port de la tête, dans le front et dans le regard. Le port de la tête exprime énergique et si puissant l'épée à la main, si versé dans les sciences exactes et dans les langues mortes ou vivantes, doué pour l'exé-

bien l'intrépidité militaire. Le front est assez spacieux pour contenir de grandes pensées; mais le regard, malgré son éclat et sa vivacité hardie, a une inconsistance et une inquiétude qui ne peuvent l'assimiler qu'à celui du lièvre. Du reste, ces portraits sont d'accord avec un autre portrait, non moins curieux, que nous trouvons dans un in-12 imprimé à Cologne, en 1689, sous ce titre : *L'Histoire de Filippe-Emanuel de Loraine, duc de Mercœur*, dédiée à Sa Majesté Apostolique. Nous reviendrons sur cet ouvrage, qui est excessivement précieux, et auquel nous avons beaucoup emprunté. Il ne porte pas de nom d'auteur, mais on l'attribue généralement à Brulé de Montpleinchamp. Voici comment il peint son héros, qu'il a nécessairement flatté autant que possible (nous maintenons l'orthographe de l'original) : « La
« Maréchale de Retz avoit coutume de dire en général que les
« Princes de la Maison de Loraine étoient parmi les autres Prin-
« ces, ce que les princes sont parmi les peuples; mais il est
« certain que cette distinxion convenoit singulièrement à nostre
« Duc de Mercœur.... Tous ceux qui l'ont vu, rendent té-
« moignage qu'on l'auroit pris pour ce qu'il estoit, quand bien il
« se seroit déguisé. Tout parloit dans lui. Sa mine estoit de ces
« impérieuses à qui les anciens destinoient la roïauté. Dans un

cution de facultés si brillantes et si solides, cet homme était plus faible, plus indécis et plus absorbé que jamais, devant la grandeur

« siècle pareil au nostre, où les perruques sont de si grand
« usage, il auroit paru d'une beauté à charmer, puisqu'estant
« sans cheveux, selon la coutume du temps, il ne manquoit
« d'aucun atrait. Il avoit la tête assez grosse, mais elle étoit
« proportionnée à son corps. Sa charnure étoit blanche, et son
« teint coloré. Il ne faloit que voir son front pour i contempler
« le siège de la prudence, de la pudeur, de la franchise et de la
« sérénité. On n'i voioit ni ride, ni nuage; et, comme il portoit
« les cheveux bien courts, on lui voioit le front dans toute sa
« hauteur et dans toute sa largeur. Les sourcils lui estoient ma-
« jestueusement et également voutez; *le nez lui étoit héréditaire,*
« car on remarque que les Preux de la Maison de Loraine l'ont
« assez long. Mais il n'étoit pas fort aquilin, *ce qui découvroit sa*
« *grande douceur!...* Le plus brillant de son visage estoit son œil.
« Il estoit grand, vif, bien ouvert, étincellant, mais chaste et
« nullement menaçant. Il avoit les joues *honnêtement* remplies,
« la bouche petite, le menton un peu long.... Sa mine n'estoit
« pas pour inspirer de la terreur, si pour s'accommoder à l'hu-
« meur du siècle, et pour conformer son extérieur à sa destinée, il
« n'avoit rabatu de sa douceur. Il portoit la moustache retrous-
« sée à l'espagnolle, et la barbe pleine et un peu au dessouz du

de son entreprise. Comme l'éminent philosophe qui devait illustrer la France un siècle plus tard, le duc de Mercœur était frappé d'une sorte de folie ; c'était de voir toujours

« menton, à la françoise ; car les François d'alors la nourris-
« soient, ainsi qu'il paroit au portrait de Henri IV; avec cette
« différence néanmoins qu'il ne la portoit pas large, mais plutôt
« en pointe. Il avoit le reste du corps très-bien proportionné et
« robuste, et à le voir, on lui auroit auguré cent ans de vie et
« de vie vigoureuse. *C'estoit un César à cheval, et un Alexandre
« à pié!* La nature lui avoit donné de l'aptitude à ces exercices,
« et l'art l'i avoit rendu tout à fait accompli. »

Quant à la duchesse de Mercœur, à la juger par ses portraits, malgré la grossièreté du burin, ce devait être une des plus belles personnes de son temps. Jamais, dans le blanc ovale d'un visage encadré de cheveux châtains, des traits formés et assemblés à plaisir n'exprimèrent plus de grâce et plus de majesté, plus de finesse et plus de profondeur, plus de fermeté et plus de coquetterie. Il y a un certain pli du front, près de l'arc du sourcil gauche, qui dénote une ténacité de caractère à toute épreuve, et qui paraît incroyable à côté d'un regard plein de mollesse et de langueur, et d'un sourire où semblent nicher toutes les naïvetés de l'innocence avec toutes les ardeurs de la passion. La princesse d'ailleurs est forte et grande ; elle a la taille, le port et la touret partout un abîme ouvert sous ses pas (1).

Cette fatale disposition, jointe à une dévotion exagérée, compromettait ses plus grandes pensées et ses plus heureuses tentatives; elle le jetait dans un dédale de précautions et de superstitions mesquines, et elle lui ôtait non-seulement son assurance, mais jusqu'à sa dignité, toutes les fois qu'il fallait payer de sa personne et de sa parole ailleurs que sur un champ de bataille.

— Je vous le répète, madame, disait-il en tordant sa longue moustache, nous nous sommes embarqués, je le crains, dans un projet impossible.

— Si ce mot-là est encore français, il n'est plus breton, monsieur! répondit l'audacieuse

---

nure d'une reine; — si bien que l'on conçoit, rien qu'à la regarder, l'ambition qui la faisait tendre à monter à sa place.

(1) Tout le monde sait, en effet, que telle était la petitesse attribuée au grand Pascal, sur ses dernières années.

héritière des Penthièvres. Avant un mois, le maréchal d'Aumont aura quitté la Cornouaille, et vous serez rentré dans Kemper, dont la clef nous est rendue !

— La clef !... C'est vrai... Mais cette clef peut devenir celle de notre prison ! Car, madame, savez-vous bien que j'ai plutôt l'air, avec ma petite troupe, de me réfugier dans cette forteresse que de l'occuper en conquérant ?

— Tant mieux ! Plus le maréchal vous croira faible, plus vous serez fort en effet ! Dans quelques jours, Mor-Vaniel vous donnera cinq mille hommes.

— Cinq mille paysans.

— Cinq mille Bretons, monsieur ! Nous sommes payés pour savoir ce qu'ils valent. Et puis vous avez les Espagnols de Krozon.

— Les Espagnols ! répéta le duc en hochant la tête ; ils deviennent bien fiers et bien puissants chez nous, madame !... Et je crains que nous n'ayons bientôt besoin de secours contre de tels auxiliaires.

— Je pense comme vous, monsieur; en attendant, il faut nous en servir. — Mais cette question n'est pas la plus pressante. A qui donnerez-vous le commandement de Concarneau ?

— A qui ? à qui ? dit le prince, je vous avoue que je n'en sais rien.

Et il se mit à marcher à grands pas dans la salle.

— Je ne puis offrir ce fort à don Juan d'Aquila devant Mor-Vaniel qui l'a pris, et je ne puis l'offrir à Mor-Vaniel devant don Juan d'Aquila qui veut l'avoir.

— Qui veut l'avoir ! dit la princesse, est-ce que la volonté de messire d'Aquila est votre loi ?

—Jamais ! s'écria le duc de Mercœur,

qui porta la main sur la garde de son épée.

Et, retrouvant dans ce geste l'intrépide capitaine, Marie profita du moment pour lui dire : — Vous ne pouvez refuser le commandement de Konk au Ligueur ; ce serait lui enlever son bien !

— C'est vrai, repartit le duc, qui sembla résolu ; mais une nouvelle réflexion le jeta dans une perplexité nouvelle.

— Mor-Vaniel n'est pas un de mes lieutenants ; je lui ai donné une tolérance, et il a soulevé les paroisses, voilà tout ; mais je ne l'ai jamais reconnu en public, beaucoup de mes officiers enfin ne voient en lui qu'un batteur d'estrade.

— Un batteur d'estrade ! s'écria la duchesse avec indignation ; Mor-Vaniel est notre plus ferme appui, monsieur le duc ; et plus ses rivaux l'abaissent, plus vous devez le relever aux yeux de tous ! D'ailleurs, l'indépendance où vous l'avez laissé ne saurait durer sans danger pour nous-mêmes. A force de n'être attaché à aucun parti, il peut un jour se détacher du nôtre, s'il n'y voit plus l'intérêt de la Bretagne; je ne vous prie plus, je vous conjure de lui remettre le commandement de Concarneau.

Mercœur, appréciant les raisons de la duchesse, lui baisa galamment la main, prit la plume qu'elle lui présentait et se mit à écrire :

« De par le Roi....

— Quel roi? demanda fièrement Marie.

— C'est juste, reprit le duc; et il substitua ces mots :

« En l'absence d'un roi. »

— Mon Dieu! pourquoi ne pas le retrancher de vos actes, quand il est retranché du royaume? interrompit la princesse, en effaçant la ligne d'un trait de plume.

Mais le duc prit une autre feuille de papier, et recommença tranquillement :

« En l'absence d'un roi, de par la Sainte-Union, nous, Philippe-Emmanuel, prince de Lorraine, duc de Mercœur, comte de Martigues...

— Et de Penthièvre, dit la duchesse.

« Et de Penthièvre, gouverneur de la province de Bretagne....

— Du duché de Bretagne, monsieur le duc !

Mercœur poussa un soupir, et poursuivit d'une main agitée... Quand il arriva au nom de Mor-Vaniel, il s'arrêta court, et roula la plume entre ses doigts.

— Eh bien, vous hésitez encore ?

— Je ne sais si je dois écrire Mor-Vaniel ou Portzampark.

— Ce sont deux nobles noms, messire ! — et vous n'avez que l'embarras du choix.

Le prince commença une *M*, continua un *P*, et allait finir par un *D*, lorsqu'il dit tout à coup :

— Il vaut mieux laisser le nom en blanc, nous le remplirons pendant le conseil.

Et délivré ainsi de son indécision, il acheva rapidement l'acte, et y mit le cachet de ses armes.

— Toujours le même ! soupira Marie. Par les hermines ducales ! pourquoi Dieu ne m'a-t-il pas fait homme ?

— Maintenant, reprit Mercœur en se levant, on peut introduire nos officiers.

— Un instant ! interrompit la duchesse. Tout ce que vous avez à dire est-il bien fixé dans votre tête ?

— C'est fixé plus sûrement sur ceci, répondit le prince.

Et il montra en souriant des notes écrites sur les marges d'un petit livre des Évangiles qu'il portait toujours avec lui (1). Il le posa, ouvert à cette page, sur la table en face de son fauteuil, et, appelant un de ses écuyers, il lui dit d'ouvrir les portes de la salle.

Mais auparavant, Marie de Bretagne, ayant remarqué la négligence de son costume, commanda à l'écuyer d'apporter le chaperon de velours, le manteau et le collier de monseigneur ; elle lui attacha elle-même le collier sur la poitrine, rajusta les tuyaux de sa

(1) Le duc de Mercœur, pour réparer ce manque de mémoire et de présence d'esprit dans le conseil, avait fait les efforts les plus héroïques et les plus infructueux. Il avait fortifié son esprit, vaste et solide d'ailleurs, de l'étude de plusieurs langues et des sciences les plus abstraites, notamment des mathématiques, sur lesquelles il était, la plume à la main, d'une force à défier son professeur, le célèbre Broscius. Il s'enfermait souvent des semaines entières pour apprendre par cœur les livres de Ronsard, qui était son poëte ; de Guichardin, son historien ; de Sénèque, son philosophe, et de Plutarque, son politique. (*Hist. du duc de Mercœur*, p. 259.) Mais toutes ces tentatives, en restant inutiles, n'avaient fait qu'augmenter encore sa méfiance de lui-même.

fraise, remit son nœud d'épée à sa place, et lui donna la main jusqu'à l'estrade qui devait l'élever au-dessus des autres.

Toutefois le duc n'y fut pas plutôt installé, qu'au lieu de profiter de la supériorité de cette position, il se mit à deux genoux devant la table; il tira de sa ceinture quelques reliques ornées de sa devise : *Plus de foi que de vie*, une image de saint Philippe en or ciselé, un médaillon représentant son cousin de Guise assassiné par Henri III; et, s'inclinant sur ces objets sacrés, il récita à voix basse une courte prière. La duchesse fit signe à l'écuyer d'attendre, et la porte s'ouvrit quand le prince fut relevé sur l'estrade.

Douze à quinze personnages entrèrent aussitôt dans la salle. C'étaient, outre Mor-Vaniel et Tré-Maria, le coronal don Juan d'Aquila, le seigneur de Talhouet Kérédern, gouverneur de Redon, le marquis de Belle-Isle (1), le comte de la Maignane, les sieurs de Rosampoul, de Rostaing, quelques gentilshommes de moindre importance, un sénéchal de Kemper, plusieurs hommes de loi, et deux ou trois prêtres du pays.

La plupart étaient vêtus avec le plus grand luxe, portaient des chaînes d'or, des bagues de diamant, des broderies merveilleuses, avec l'écharpe rouge et la croix de la Ligue brochant sur le tout.

Don Juan d'Aquila était noir des pieds à la tête; ses chausses étaient en satin noir, sa trousse en drap noir, sa fraise en dentelle

---

(1) Tous ces personnages sont historiques. Ce marquis de Belle-Isle est Charles de Gondy, qui épousa Antoinette d'Orléans-Longueville. Charles de Gondy mourut avant son père à l'affaire du Mont-Saint-Michel, en Normandie, et ce fut son fils qui succéda à son aïeul dans le duché de Retz. « Charles de Gondy, mar-
« quis de Belle-Isle, était une des *belles amitiés* du duc de Mer-
« cœur, » dit l'auteur déjà cité de l'histoire de ce prince.

noire, son justaucorps et son manteau en velours noir, son chaperon en feutre noir; ses cheveux, sa barbe et ses yeux n'étaient pas moins noirs que le reste, et son teint seul était d'un jaune olivâtre.

A la tête de tous marchait, en robe violette, la croix d'or au cou, le frère du baron de Rustéfan, monseigneur Charles du Liskoët, nouvellement nommé à l'évêché de Kemper, dont il allait prendre possession.

A sa figure noble et austère, solennelle et recueillie, on reconnaissait le prélat qui mettait les intérêts du ciel au-dessus des intérêts de la terre, et lançait parfois les foudres de l'Église contre les Ligueurs aussi bien que contre les protestants.

Il montra que cette sévérité allait jusqu'à l'intolérance, en s'écartant avec dédain de Mor-Vaniel, qu'il venait d'apercevoir auprès de lui. Don Juan d'Aquila ne manqua pas d'imiter cet exemple, et d'entraîner à l'autre bout de la salle tous les gentilshommes qui l'entouraient.

De cette façon, le Ligueur resta seul de son côté avec Tré-Maria. Mais au lieu de s'en offenser, il sourit d'un air ironique ; car il se trouvait isolé avec la duchesse, et la place d'honneur lui demeurait par le fait.

Cependant Marie de Bretagne rougit de colère et d'indignation ; elle voulut dédommager Mor-Vaniel par une marque d'estime particulière, et elle s'entretint familièrement avec lui, tandis qu'elle rendait à peine une inclination de tête aux profonds saluts de tous les autres.

— Chacun s'éloigne ici du brigand, madame, dit le Ligueur assez haut pour être entendu de quelques-uns.

— Ils feraient mieux de se rapprocher de lui, en l'imitant, répondit la princesse sur le même ton; je préfère les brigands qui prennent les villes, aux capitaines qui les laissent prendre.

Plus d'un lieutenant du duc se mordit la moustache à ces paroles.

— Messieurs, dit Mercœur, après avoir invité tout le conseil à s'asseoir; (et le tremblement imperceptible de sa voix, la légère pâleur de son visage, le geste par lequel il ouvrait et fermait son Évangile, indiquaient toute la peine qu'il avait à se posséder et à s'exprimer dignement;) — Messieurs, nous devons d'abord grâces et honneur à monsieur de Portzampark, pour le signalé service qu'il vient de rendre à notre sainte cause en remettant dans nos mains la forteresse de Concarneau. La manière dont il a fait cette conquête n'est pas moins heureuse que la conquête elle-même. Nous étions résignés aux plus grands sacrifices pour rentrer en possession de Konk, et grâce à M. de Portzampark nous n'avons pas dépensé un écu au soleil, nous n'avons pas brûlé une amorce, et nous n'avons eu que la peine d'entrer triomphant dans ce château.

Deux ou trois seigneurs bretons joignirent seuls un mot au sourire de la duchesse pour féliciter Mor-Vaniel, et le duc poursuivit après quelques minutes de silence :

— Il s'agit maintenant de mettre à profit notre victoire, et de pousser à bout la grave entreprise où nous nous sommes hasardés ; en un mot, il faut reprendre Kemper au maréchal d'Aumont, et chasser les troupes royales de la basse Cornouaille. Plusieurs chemins sont ouverts pour arriver à ce but : nous pouvons assiéger directement et simplement le maréchal dans Kemper ; nous pouvons le placer entre deux feux en demandant aux Espagnols de Krozon de venir l'attaquer par l'Odet ;

enfin, nous pouvons attendre qu'il nous attaque lui-même ou qu'il se tourne vers Krozon, pour surprendre Kemper lorsqu'il en aura délaissé la défense. Je vous ai réunis, messires, afin d'avoir vos lumières sur ces différents moyens et de choisir celui qui vous paraîtra le meilleur.

Le conseil se trouva divisé entre les trois avis, et une discussion vive et longue s'engagea sur chaque point.

Plus d'une fois, la duchesse jeta la lumière dans les esprits par une observation spirituelle ou profonde. Plus d'une fois, surtout, elle trouva, pour son mari, la réplique aux raisonnements spécieux qui l'embarrassaient.

Mor-Vaniel garda le silence jusqu'à l'opinion exprimée par don Juan d'Aquila; mais lorsque celui-ci proposa d'attendre l'attaque du maréchal sur Concarneau, et de laisser les Espagnols de Krozon surprendre Kemper, le Ligueur, alarmé de la faible résistance du duc à cet avis, s'écria d'une voix solennelle, en s'avançant jusqu'au milieu de la salle :

— Le jour où les Espagnols, qui ont déjà en Bretagne Blavet et Krozon, y auront encore Kemper ou toute autre place de l'intérieur, ce jour-là, je vous le prédis! les Bretons briseront le pacte catholique en se levant comme un seul homme, et se réuniront au premier parti qui voudra les aider à sauver leur pays du joug étranger.

— Qui parle ici de joug étranger? s'écria le coronal avec hauteur. Il s'agit des intérêts de la Sainte-Union, et non pas des ambitions particulières.

— Voilà, en effet, le mot d'ordre du roi votre maître, seigneur d'Aquila! Vous l'avez appris par cœur, et vous ne manquez jamais de le proclamer. Mais il est temps que la voix d'un Breton s'élève devant monsieur le duc, contre les intentions véritables de Sa Majesté Philippe II. Ce prince veut jouer chez nous, derrière la Ligue, le rôle que jouait, il y a deux cents ans, le roi Édouard d'Angleterre, derrière l'illustre Jeanne de Montfort, contre l'aïeule non moins illustre de madame la duchesse. Il prétend mettre l'infante Isabelle sur le trône vide des Valois, et pénétrer en France par les portes de la Bretagne. Quant à moi, je déclare que jamais mon épée ne sortira du fourreau pour ouvrir aux étrangers la route des places fortes de mon pays. J'aimerais mieux courber la tête sous le joug français le plus pesant, que de céder un seul pied de terre bretonne aux Espagnols; et je me joindrais plutôt, pour les renvoyer chez eux, aux troupes hérétiques du maréchal d'Aumont ! Je parle ici, Messieurs, au nom de tout ce qui porte encore un cœur libre en Bretagne ;

et à ceux qui se permettraient d'en douter, je suis en mesure d'en donner la preuve à la première occasion !

Malgré les préventions du plus grand nombre des assistants contre Mor-Vaniel, ces nobles paroles trouvèrent des échos nombreux dans la salle, et don Juan d'Aquila devint pâle de colère.

— Messire, qui parlez si haut, dit-il au Ligueur, et qui prétendez parler au nom de tant de monde, savez-vous bien que vous avez une étrange façon de servir ici monsieur le duc de Mercœur ?...

— Je sers la Bretagne ! interrompit fièrement Mor-Vaniel.

— Savez-vous que si je rapportais au roi mon maître les paroles que vous venez de prononcer dans ce conseil, toute alliance serait rompue entre lui et les Ligueurs de France, et qu'il abandonnerait à l'hérésie cette terre de Bretagne, que sans lui vous seriez fort empêchés de défendre.

— Que Sa Majesté Catholique en essaye!... repartit le Ligueur, et que monsieur le duc ait le courage de la laisser faire !

La querelle n'aurait pas manqué de s'envenimer, si le prince, alarmé du tour qu'elle prenait, n'eût imposé silence aux deux adversaires.

Dailleurs, Mor-Vaniel en avait dit assez pour les intérêts de Mercœur, sans les compromettre. Les Espagnols sauraient désormais que leur ambition ne faisait plus de dupes en Bretagne, et que leur séjour sur les côtes ne deviendrait jamais définitif. Ce point essentiel suffisait pour le moment.

Quant à la marche à suivre à l'égard de Kemper, Mor-Vaniel demanda au duc d'attendre huit jours encore avant d'agir.

—Vous aurez le temps, dit-il, de voir venir

le maréchal, d'étudier sa situation et ses forces, de reconnaître les vôtres, et de prendre toutes vos mesures pour un coup décisif. D'ici là, je m'engage à mettre à votre disposition tout homme qui peut porter une arme à dix lieues à la ronde; alors, vous aurez le choix entre trois partis également sûrs : ou bien vous assiégerez le maréchal dans Kemper, avec dix mille hommes, s'il se tient sur la défensive; ou bien, s'il marche sur Krozon, vous surprendrez d'autant plus facilement la place; ou enfin, s'il se tourne contre Concarneau, c'est moi qui, tandis que vous lui résisterez, enlèverai Kemper avec les paroisses. Mais, dans aucun cas, nous n'aurons besoin des Espagnols de Krozon, c'est déjà bien assez de ceux qui nous sont arrivés de Blavet!

Ce conseil, vivement appuyé par la duchesse, par quelques seigneurs bretons, et surtout par l'indécision du prince, toujours porté au délai, fut adopté malgré les réclamations de don Juan d'Aquila et la résistance belliqueuse de quelques gentilshommes.

— En retardant l'exécution de nos projets, dit le duc, nous courons peut-être le risque de laisser nos ennemis se fortifier contre nous ; mais en avançant cette exécution, nous courons sûrement le risque plus grave d'être trop faibles nous-mêmes. La sagesse nous ordonne d'attendre, Messieurs ; voilà qui est décidé. — Et quoi qu'il advienne au grand jour, ajouta-t-il en se levant de son fauteuil et en se tournant vers les seigneurs impatients de tirer l'épée, nous saurons tous vaincre ou mourir en dignes champions de la foi catholique !

L'illustre capitaine et le vaillant soldat reparurent tout entiers dans la façon dont Mercœur prononça ce paroles. Mais au même instant, l'homme distrait reparut aussi ; car il allait lever la séance, si la duchesse ne lui eût parlé à l'oreille.

— Vous oubliez le plus pressé ! lui dit-elle vivement. Et le commandement de Concarneau?...

— C'est vrai ! s'écria le duc en rouvrant son Évangile.

Et, tout le monde s'étant assis de nouveau, il reprit lentement la parole.

Après avoir exposé derechef l'importance de la forteresse, la nécessité de lui donner un gouverneur, celle où il pouvait se trouver de la quitter au premier jour, celle enfin de la mettre sous la défense du pays, il déclara qu'il avait jeté les yeux pour ce gouvernement sur M. de Portzampark.

Ce nom ne fut pas plutôt entendu qu'un murmure d'improbation remplit la salle, et que plusieurs exclamations partirent du groupe des Espagnols et de celui de l'évêque.

Ce qu'il y eut de singulier, c'est que Mor-Vaniel lui-même parut moins satisfait que surpris de l'offre du prince ; et à voir la contrariété qui se peignit sur sa figure, il allait répondre par un refus poli, quand il remarqua l'orgueilleux étonnement de ses rivaux.

Alors, un sourire d'ironie, plus orgueilleux encore, effleura ses lèvres. Et, après s'être incliné courtoisement devant le duc, il promena un regard intrépide tout autour de lui, attendant et défiant les réclamations de qui que ce fût.

La voix la plus révérée du conseil s'éleva la première. Monseigneur Charles du Liskoët demanda à présenter au duc quelques observations en particulier....

— Et pourquoi pas en public? repartit Mercœur, avec un mouvement que la duchesse applaudit du regard. Craignez-vous donc d'attaquer en face M. de Portzampark, ou voulez-vous me prévenir contre un gentilhomme qui a ma confiance?

— Parlez, monseigneur, dit froidement Mor-Vaniel, mon respect ne vous protégera pas moins que la couleur de votre habit.

— Mon habit me fait un devoir de proclamer la vérité! reprit l'évêque en jetant un regard sévère au Ligueur et à Tré-Maria. M. de Portzampark a brisé son épée de gentilhomme, comme son chapelain et son lieutenant a déchiré sa robe de prêtre, le jour où tous deux ont jeté, du haut des tourelles de nos manoirs, les brandons de la guerre civile jusque sous l'humble toit de nos chaumières. Trop de sang a déjà coulé sur les champs de bataille, entre les guerriers armés pour et contre la sainte cause ; celui des paysans n'était pas fait pour arroser les campagnes que leurs sueurs doivent seules féconder!

— Avec la grâce et la bénédiction de Dieu, monseigneur, dit Tré-Maria en faisant un signe de croix pour se disposer à répondre...

Mais le Ligueur, lui imposant silence, s'écria lui-même avec vivacité :

— Ce sont les chaumières brûlées par les Français et les Espagnols qui ont allumé la guerre dans nos campagnes, monsieur du Liskoët! Je n'ai soulevé les paroisses que pour leur défense, et armé les Bretons que pour sauver la Bretagne. N'étant ni un lieutenant du roi ou de la Ligue, ni un capitaine, ni un prélat, ni un coronal de Sa Majesté Catholique, j'ai eu l'air d'un brigand ; sans doute ! Mes paysans même ont souvent mérité ce titre ; je le sais. Ils n'ont pas plus épargné le sang des ennemis que leur propre sang ; je l'avoue. Enfin, malgré tous mes efforts pour les contenir, je n'ai pu en faire une armée régulière, les empêcher de battre l'estrade sur les fiefs des seigneurs, comme les seigneurs l'avaient battue sur leurs fermes ; je conviens de tout cela. Mais, si mon pays ne peut se guérir que par un remède héroïque, le crime en est à ceux qui le dépouillent et le déchirent jusque sur son lit de souffrance, et non pas à ceux qui l'aident à se relever une dernière fois, en lui remettant à la main cette épée de François II, rouillée depuis cent ans sous son chevet!

Le Ligueur prononça ces paroles avec tant de feu, et les accompagna d'un geste si énergique, que la blessure fermée par le Pillaouer se rouvrit à sa tempe; et un filet de sang vermeil, jaillissant sous ses cheveux blonds, descendit le long de ses joues jusqu'à la dentelle de sa fraise.

En même temps, on le vit pâlir et s'appuyer sur le dossier d'un fauteuil... de sorte qu'une partie des gentilshommes, exaltés par sa voix, et le duc lui-même, firent un mouvement pour aller le soutenir. Mais, s'appuyant sur la main de Tré-Maria, Mor-Vaniel les remercia par un sourire, et leur dit poliment que cela n'était rien…

Il ajouta qu'il avait reçu cette égratignure le jour de l'assaut, sur la route de Kemper…

Et, Tré-Maria ayant complété son récit par l'aventure des deux assassins, le visage du coronal devint si rouge qu'il fut obligé de détourner la tête.…

Cependant le Ligueur cherchait dans son justaucorps de quoi étancher le sang qui coulait toujours...

La duchesse, devenue plus pâle que lui-même, remarqua ce mouvement la première. Aussitôt, elle arrache l'écharpe qu'elle portait au cou, s'élance vers le blessé comme pour le panser elle-même; puis, s'arrêtant brusquement et baissant les yeux, jette d'une main émue l'écharpe au chapelain.

Tré-Maria la recueille du plus grand sang-froid, en déchire une moitié, dont il enveloppe le front de Mor-Vaniel, et remet l'autre moitié à la duchesse, qui la ressaisit par un geste involontaire.

Ce fut à ce moment que le coronal se retourna, — et après avoir été rouge de honte, il devint pourpre de fureur.

Aussi, voyant le Ligueur remercier la duchesse par un profond salut et reprendre son impassible attitude en s'excusant d'avoir interrompu le conseil :

— Tout ce que vient de dire M. de Portzampark, s'écria l'Espagnol, eût été fort beau du temps de Jeanne de Montfort ou d'Anne de Bretagne; mais il ne s'agit point ici de détacher l'Armorique de la France et de reforger la vieille couronne ducale !...

La princesse tressaillit à ces mots, et faillit y répondre par des paroles imprudentes. Il ne fallut rien moins pour l'en empêcher qu'un geste impératif de son mari.

— Il s'agit, poursuivit don Juan, de repousser les hérétiques de cette province, comme de tout le royaume, et de mettre, pour le moment, Concarneau sous la garde d'un officier de M. le duc. Or, M. de Mor-Vaniel ou de Portzampark est ce qu'on appelle un officier sans brevet... Partisan fort utile et fort dévoué peut-être, quoique bien indépendant, à mon avis, qu'il butine et guerroie à sa guise avec son armée de paysans ; à la bonne heure ! Mais je pense qu'on ne saurait lui confier la garde d'une forteresse comme celle-ci, sans offenser tous les capitaines, ici présents, qui portent le brevet de lieutenants de la Sainte-Union.

A cette insolente objection, Mor-Vaniel répondit par une réfutation péremptoire ; le coronal, exaspéré, reprit sur un ton menaçant; le Ligueur, quoique plus contenu, ne resta pas en arrière; bref, le différend allait se terminer par une provocation,—lorsque le duc de Mercœur, dont l'Espagnol réveillait l'humeur belliqueuse en laissant deviner ses vues particulières sur Concarneau, termina la querelle par se lever de l'estrade et par remettre à Mor-Vaniel le brevet de gouverneur.

—Je vous rends ce que vous m'avez donné, messire, lui dit-il en lui serrant la main; et, n'en déplaise à M. le coronal, ceci ne m'acquitte pas encore envers vous. — Telle est notre volonté, Messieurs, reprit-il à haute voix. A notre défaut, et pour tout ce qui concerne la forteresse, chacun prendra les instructions de M. de Portzampark.

Et, comme redoutant de revenir sur cette résolution, il allait définitivement lever la séance, — si Mor-Vaniel, le retenant par un salut, ne l'eût prié de l'entendre encore....

Malgré le nouveau lien dont la duchesse venait de le rattacher à elle, par la main de son mari, le Ligueur était plus décidé que jamais à partir pour Rustéfan.

— Monseigneur, dit-il au duc, avec la soumission la plus respectueuse, j'aurais décliné d'avance le grand honneur que vous daignez me faire, si les paroles de MM. du Liskoët et d'Aquila ne m'eussent rendu cette satisfaction indispensable. Je l'accepte donc devant eux, devant tous, pour qu'ils sachent que je m'en crois digne, comme vous m'en avez cru vous-même !

Il jeta sur l'évêque et sur don Juan un regard plein de dignité.

— Mais, monseigneur, reprit-il en se retournant vers le duc, je désire garder cette indépendance qui inquiète tant M. le coronal, et votre propre intérêt exige que je reste

encore inconnu dans ce pays. Permettez-
moi donc de remettre à un autre la faveur
que vous m'avez accordée.

— A un autre ! que voulez-vous dire ? s'é-
cria le duc étonné.

Et deux mouvements opposés se firent remarquer dans le conseil. Ceux qui désap-
prouvaient Mercœur ne déguisèrent point leur
satisfaction, et ceux qui s'étaient ralliés à
Mor-Vaniel ne purent dissimuler leurs re-
grets. — Le comte de la Maignane surtout
s'exprima d'une manière si flatteuse pour le
Ligueur, que celui-ci lui serra cordialement
la main.

— Monsieur le duc, reprit-il aussitôt, en
jetant un coup d'œil sur son brevet, ma no-
mination n'est pas accomplie, car le nom du
gouverneur de Concarneau est encore en blanc
sur ce papier.

— C'est juste ! interrompit le prince, impatienté de sa distraction, j'avais oublié, messire !.. donnez, que je remplisse...

— Souffrez, monseigneur, que je vous épargne ce soin, dit Mor-Vaniel, en inscrivant, sous votre bon plaisir, le nom de M. le comte de la Maignane.

Ce fut le tour du comte de presser la main du Ligueur. Le coronal retomba lourdement du haut de ses prétentions, et le duc ne put s'empêcher de sourire, en se voyant ainsi tiré d'embarras.

Cependant, il voulut avoir une explication plus claire du refus de Mor-Vaniel; et la duchesse, qui lançait à celui-ci des regards sévères et troublés, joignit ses questions pressantes à celles de son mari.

— Certes, M. de la Maignane est digne de commander à Concarneau, dit-elle, tandis que l'Espagnol s'agitait dans son harnais; mais M. de Portzampark daignera nous prouver plus sérieusement qu'il n'y peut commander lui-même.

Le Ligueur embarrassé chercha quelque temps sa réponse. Il repartit enfin, non sans hésitation, en s'adressant au duc :

— Non-seulement je ne puis commander ici, mais je n'y puis rester, monseigneur.

— Vous n'y pouvez rester ! Pourquoi cela ?

— Parce que je ne suis pas libre encore vis-à-vis de M. du Liskoët.

— Il se pourrait ! Je vous croyais dégagé à cet égard, messire...

— Je suis toujours prisonnier sur parole.

— Mais alors, comment êtes-vous ici ? Comment avez-vous pris cette forteresse ?

— Le baron, que j'avais délivré à Kemper, m'a rendu courtoisement mon épée, avec le congé de m'en servir ; mais il ne m'a pas rendu ma parole, Monseigneur, et j'ai juré d'être demain matin chez lui.

— Demain!... Eh! quand réunirez-vous cette armée que vous venez de me promettre?

— Soyez tranquille, monsieur le duc! Je tiendrai ma promesse envers vous, comme envers le seigneur de Pont-Aven. Cela me sera d'autant plus facile que mes bandes doivent se réunir dimanche au grand pardon de cette paroisse.

Le prince ne savait trop quelle nouvelle objection trouver; et cependant le départ de Mor-Vaniel lui inspirait de l'inquiétude.

La duchesse vint à son secours avec sa résolution ordinaire.

— Il faut payer la rançon de M. de Portzampark! dit-elle. Quelle somme réclame M. du Liskoët?

Le Ligueur embarrassé se mordit la lèvre, et il exprima la plus vive reconnaissance à la princesse.

— M. le duc ne saurait racheter à trop

grand prix les capitaines qui lui donnent des villes pour rien ! reprit Marie de Bretagne.

Et elle répéta avec instance :

— Combien demande M. du Liskoët ?

— Il se croit lui-même mon débiteur, et refuse toute rançon ; mais je ne veux point accepter cette grâce d'un ennemi, et je tiens d'autant plus à me rendre à Rustéfan !..

— Ainsi, rien ne peut vous retenir, monsieur?... lui demanda enfin la duchesse, avec un regard que tous ses rivaux eussent payé de leur vie.

— Rien ne peut empêcher un gentilhomme de faire honneur à sa parole, madame ! répondit gravement Mor-Vaniel.

Mais il prononça ces paroles sans oser lever les yeux, car il lui eût été impossible de soutenir ceux de la princesse.

Marie de Bretagne avait employé en vain sa dernière raison. — Elle n'insista plus.

Un double éclair jaillit de ses prunelles ; un nuage de rougeur lui monta au front, et ses doigts froissèrent convulsivement le bout de son écharpe...

Il va sans dire que ces mouvements furent assez imperceptibles pour n'être remarqués que par le Ligueur.

— Allez donc, monsieur ! lui dit-elle, et que Dieu vous garde en ce voyage !...

Puis, reprenant son sourire et son aplomb gracieux, elle précéda tout le monde hors de la salle, — après avoir accepté la première main qui s'offrit à elle.

Cette main était celle de don Juan d'Aquila, qui reprenait fièrement son poste.

Le coronal fixa sur la princesse un regard dévorant, qui devint formidable en se tournant vers le Ligueur... Puis il prononça à demi-voix quelques paroles, auxquelles Marie de Bretagne répondit par un rire nerveux...

Ce rire était tout ce que le grave Espagnol obtenait d'elle, en retour de ses protestations les plus passionnées.

Ne pouvant ou ne voulant pas refuser de l'entendre, la terrible enchanteresse avait imaginé ce joyeux supplice, — avant-goût de l'enfer pour le plus sombre des mortels!

Avant de quitter le château, Mor-Vaniel donna de nouvelles instructions à Tré-Maria, avec le moyen de lui faire parvenir des messages, s'il en était besoin. Puis, montant aussitôt à cheval, de peur de se retrouver avec la duchesse, et, appelant son fidèle Pen-Ru (*Tête-Noire;* on sait que son chien méritait ce nom), il se rendit à l'extrémité de la ville, à l'endroit où le bac passe les voyageurs.

Là, le cavalier, le cheval et le chien s'embarquèrent dans une chaloupe qui semblait les attendre, et Mor-Vaniel trouva Piarik sur la rive opposée, devant la porte d'une petite auberge.

Le sourd-muet (tel était toujours son rôle) dévorait un morceau de pain noir, frotté de quelques têtes de sardines jetées par l'aubergiste à sa porte. Il reconnut le cavalier du plus loin qu'il put l'apercevoir; se hâta d'avaler les restes de son misérable repas, et se trouva prêt à partir lorsque Mor-Vaniel arriva près de lui.

Le Ligueur lui fit donner un pot de cidre, qui disparut dans son gosier comme une pluie dans une terre aride; puis, le guide à pied, le seigneur à cheval, s'élancèrent sur la route de Pont-Aven.

Il était alors cinq heures après midi, et le soleil s'abaissait au-dessus des tours de Concarneau. Avant de les perdre de vue, Mor-Vaniel y jeta un long regard, et aperçut un point blanc sur la tour du gouverneur...

Une sorte de remords se peignit sur son visage; il poussa un profond soupir, et secoua ses pensées comme un fardeau.

— A vous l'épée du Ligueur et la Bretagne, madame la duchesse! dit-il en regardant la citadelle; mais, ajouta-t-il en se tournant vers Pont-Aven, à mademoiselle du Liskoët le cœur et la main de Portzampark!

Le point blanc s'effaça derrière un créneau; le cavalier donna de l'éperon à son cheval, et disparut au détour de la route.

IX

LE CARNEILLOU.

Pendant près d'une demi-heure, Piarik, ses deux sabots dans ses mains, les pieds nus sur les cailloux, le corps penché en avant, la poitrine haletante, les cheveux flottants sur le dos, Pen-Ru courant à côté de lui, précéda, sans se ralentir, le trot du cheval de Mor-Vaniel. Il ne s'arrêta qu'à trois quarts de lieue de Concarneau, vis-à-vis une petite croix de granit, grossièrement sculptée, où le Christ était représenté entre les deux larrons.

Là, tandis que la route continuait en montant vers Pont-Aven, un chemin creux s'en détachait entre deux éminences couronnées d'arbustes et de broussailles. Piarik s'enfonça dans cette espèce d'abîme, en faisant signe au Ligueur de mettre pied à terre ; et ce dernier le suivit avec précaution, traînant après lui son cheval par la bride.

Ils marchèrent ainsi pendant quelque temps, par un demi-jour mystérieux, cachés et comme enfouis dans le verdoyant ravin. Leurs têtes abattaient, en passant, les fleurs d'ajonc, les œillets d'or, les trèfles roses, la digitale écarlate et les rouges baies de l'aubépine, entrelacés et penchés sur le rebord des talus. L'amer parfum de la camomille, concentré sous ce dôme impénétrable au soleil, leur montait vivement au cerveau, et arrachait au cheval et au chien des reniflements nerveux. Les oiseaux, surpris sous l'abri de l'épaisse feuillée, interrompaient tout à coup leurs chants, et s'envolaient en froissant les branches de l'yeuse.

Enfin, les voyageurs arrivèrent au bout de ce labyrinthe embaumé, et se trouvèrent devant quelques champs de blé noir aboutissant aux landes de Tré-Konk (1).

C'était là qu'habitait pour le moment Merlin le Pillaouer, chez qui Mor-Vaniel avait affaire avant de se rendre à Rustéfan.

La demeure du Pillaouer était à un demi-mille de Tré-Konk, dans un lieu tout à fait digne du personnage.

---

(1) Le même village que, par corruption de la dernière syllabe, on appelle aujourd'hui Trégunc (Tré-Konk: trève de Konk).

Qu'on se figure une lande de près de deux lieues carrées, sans une seule éminence, sans un seul arbre : vaste plaine de bruyères, d'épines et de genêts, désolante à voir quand l'ombre s'y étend comme un linceul, ou quand l'hiver en flétrit de sa bise la dure végétation ; mais admirable au moment où le soleil en dore les mille fleurs roses, comme une mer empourprée par ses rayons.

Ce jour-là justement, le globe de feu, coupé par l'horizon, semblait le foyer d'un immense incendie, dont les reflets projetés en éventail mettaient une flamme à chaque brin d'herbe qui tremblait au-dessus du sol.

A gauche, le clocher de Tré-Konk s'élevait comme une pyramide au milieu du désert ; et plus loin, vers le nord, vers le sud, vers l'ouest, vers les quatre points cardinaux, se dressait sans ordre et sans fin, sous toutes les formes et dans toutes les proportions, une innombrable armée de pierres druidiques...

Ici, une rangée de men-hirs de vingt pieds de haut couvraient toute la lande de leurs ombres gigantesques. Là, un bloc plus énorme encore surgissait à l'écart, sentinelle avancée de ce camp monumental. A droite, un groupe de roches grises rapprochant leurs pointes mousseuses figuraient les arceaux de quelque chapelle en ruine. A gauche, un autre groupe, disposé en cercle, semblait une ronde de fantômes prêts à danser le sabbat sur la bruyère.

Dans le lointain, des entassements bizarres représentaient tout ce que l'imagination peut concevoir de plus fantastique et de plus prodigieux : villes croulantes, monticules tronqués, autels abattus, tours penchées, forêts changées en pierre, clochers la pointe en bas, larges croix funéraires, tombes colossales, tout cela agrandi, multiplié, métamorphosé par la lutte des lumières et des ombres, à cette heure douteuse, par une solitude dont rien ne peut donner l'idée à qui ne l'a pas vue, enfin par un silence qui semblait durer depuis des siècles, et que le tintement éloigné d'une cloche rendait plus sinistre encore.

Le Ligueur eut, en face de ces monuments étranges, les visions non moins étranges qu'évoque leur antiquité. Il crut voir une sombre forêt druidique arrondir sous le ciel ses vastes arcades, et les druides eux-mêmes s'avancer, la barbe sur la poitrine, la robe pendante sur leurs pieds nus, le gui sacré dans une main, le glaive vengeur dans l'autre, frappant ici les victimes humaines sur le dolmen ensanglanté; là, creusant sous le barrow funèbre la tombe du guerrier celtique; là, formant une conjuration terrible autour de la Roche-des-Fées; là, invoquant le dernier rayon du soleil tremblant au sommet argenté du men-hir...

Le compagnon chevelu et déguenillé de Mor-Vaniel, courant pieds nus sur cette terre inculte, et Mor-Vaniel lui-même poussant son cheval effaré dans ces avenues de pierres, ne laissaient pas d'ajouter encore aux illusions de cet effrayant CARNEILLOU (1).

Après quelques minutes de marche à travers la lande, ils arrivèrent au milieu d'un kromlec'h composé de douze blocs circulaires, représentant les douze signes du zodiaque, sur un diamètre de deux cents pieds à peu près.

Piarik traversa cet espace en faisant un signe de croix à chaque pas, pour se garantir

---

(1) Cimetière celtique, suivant l'opinion de M. de Frémiville (*Antiquités du Finistére*, deuxième volume.) Une partie du carneillon de Trégunc existe encore, notamment la pierre vacillante et le grand dolmen, dont on va voir la description.

des courils, et ils se trouvèrent, au sortir de cette enceinte, devant le fameux *rouler* (pierre vacillante).

C'est un quartier de granit, de onze à douze pieds de long, sur huit à dix d'épaisseur, posé en équilibre sur la pointe d'un roc qui dépasse à peine la surface du sol.

Le sourd-muet, en passant, toucha cet énorme bloc de la main, sans aucun effort; et il se balança sur son point d'appui, comme s'il n'eût pesé que quelques livres.

Ce phénomène est d'autant plus remarquable, que la pierre supportée touche l'autre par son point le plus saillant; de sorte qu'elles figurent deux cônes superposés bout à bout. Et aujourd'hui, comme au seizième siècle, comme il y a trois mille ans, le voyageur qui visite Tré-Konk met en mouvement, par un simple geste, cette masse dont l'équilibre semble aussi éternel que celui du monde.

Un peu plus loin, Pen-Ru indiqua par ses aboiements qu'il sentait une habitation, et cependant le Ligueur n'avait encore sous les yeux qu'un amas de pierres druidiques.

Cette fois c'était un dolmen, avec ses supports massifs et sa large table horizontale. Les supports s'élevaient jusqu'à quinze pieds de haut, et la table offrait une surface proportionnellement considérable. Le tout figurait une sorte de cabane en granit, et Mor-Vaniel vit bientôt qu'un art grossier avait secondé la nature.

Les interstices des pierres étaient bouchés avec de la terre glaise, revêtue de broussailles grimpantes. Une ouverture, ménagée à l'angle du toit, servait à la fois de fenêtre et de cheminée, et une pierre, plate et longue, debout entre deux supports, formait la porte de cette demeure sauvage.

Il est vrai que le tout était flanqué ou

plutôt continué par une autre cabane, moins haute, mais plus longue, couverte de chaume dont l'humidité nourrissait une mousse épaisse, et construite en pierres de toutes dimensions, cimentées de simple terre végétale, à la façon des talus.

Le Pillaouer avait eu ses motifs pour choisir cette habitation, la seule qu'on lui connût dans la Cornouaille. Les carneillou et tous les monuments druidiques sont entourés en Bretagne de tant de superstitions effrayantes, qu'il était le seul homme capable d'y établir son gîte, et qu'il s'y trouvait mieux défendu par les fées, les courils et les poulpicans, qu'un tyran dans son palais par une armée de sentinelles...

Piarik s'approcha le premier de la porte de granit, en poussant le sifflement qui lui était particulier.

Aussitôt le Pillaouer parut à l'étroite ouverture, et vint avec empressement au-devant du Ligueur.

— *Noz-vad, ma otrou* (bonsoir, monseigneur), dit-il en ôtant son large chapeau. *Doué pénigo Mor-Vanniel!* ajouta-t-il (Dieu bénisse la grande bannière)!

C'était le mot d'ordre du Ligueur et des paroisses de la Cornouaille.

Merlin offrit à Mor-Vaniel, pour mettre pied à terre, non pas l'appui de sa main calleuse, mais celui de sa tête chauve et blanche; puis, faisant signe à Piarik d'attacher le cheval et d'en prendre soin, il renversa la porte de pierre pour élargir l'entrée, et pria respectueusement le Ligueur de passer devant lui.

— Les Kéméner sont venus? demanda Mor-Vaniel à demi-voix.

— Depuis midi, monseigneur; ils sont à vos ordres.

— C'est bien.

En prononçant ces mots, le cavalier entra dans la première cabane, et il y trouva, en effet, douze hommes réunis.

Portant chacun le costume d'une paroisse des environs, ces hommes se tenaient debout en cercle, pressés les uns contre les autres dans cet étroit espace, attendant ainsi, les bras croisés, depuis plusieurs heures, n'agissant que pour se passer une cruche de cidre posée au milieu d'eux, et n'ouvrant la bouche que pour prononcer quelques paroles à peine articulées dans l'idiome celtique.

Pour se faire une idée de ce silence, de cette immobilité et de cette patience des Bas-Bretons, il faut les avoir vus dans les tavernes enfumées de la Cornouaille, passant des jours entiers à vider une bouteille et à se raconter combien vaut le blé noir.

Cependant ces hommes, si froids et si apathiques en apparence, étaient les dignes agents de celui qui voulait renouveler la face de la Bretagne, les commissaires de cet arrière-ban des paroisses encouragé secrètement par Mor-Vaniel, les tailleurs villageois de dix lieues à la ronde, réunis à ce rendez-vous par les soins du Pillaouer.

Malgré l'abjection si connue des kéméner en Bretagne, le Ligueur ne pouvait mieux choisir les instruments de son grand projet.

Si le tailleur est un être isolé parmi ses compatriotes; si les hommes ne parlent de lui qu'en ajoutant : « Sauf votre respect, » et disent qu'il faut plusieurs tailleurs pour faire un homme; s'il ne trouve dans les pardons, sur les champs de foire, aux portes des églises, aucune jeune fille qui consente à porter son nom; si le jeune et fier laboureur qui le rencontre ne lui adresse jamais la parole, et le jette parfois dans le fossé de la route, comme il ferait d'un chien qui lui barrerait le passage ; le tailleur, d'un autre côté, est l'homme le plus fin, le plus adroit et le plus expérimenté de l'Armorique. Les ménagères le consolent du mépris de leurs maris, de leurs fils et de leurs filles, en lui payant par toutes sortes de douceurs les contes joyeux, les malins propos, et les longues causeries dont il a le privilége. Vivant chez tout le monde, excepté chez lui-même, mêlé par sa profession à toutes les familles, à tous les travaux, à toutes les fêtes, à toutes les veilles, entremetteur officiel des marchés, des mariages et des procès, instituteur des enfants jusqu'à ce que leur haine pour lui tourne en dédain, le tailleur breton est comme le solitaire du mélodrame, qui sait tout, qui voit tout, et qui est partout.

Personne d'ailleurs ne connaît mieux le prix de l'argent, pour lui-même et pour les autres ; personne n'entend mieux les passions et les intérêts, les sympathies et les aversions de chacun; personne n'a le gosier plus sobre dans les occasions dangereuses, la langue plus diserte s'il faut s'en servir, plus réservée s'il s'agit de garder un secret.

En un mot, le tailleur a toute l'habileté qui fait la force du faible, et toute la dissimulation qui fait celle de l'opprimé; c'est le véritable diplomate de la Basse-Bretagne.

Aussi les kéméner kernewotes avaient-ils déjà rendu au Ligueur des services non moins grands que ceux du pays de Tréguier.

Mais après lui avoir fourni quelques bandes pour reprendre Concarneau, il s'agissait de lui trouver une armée pour reprendre Kemper; et on va voir de quelle mission s'étaient chargés les douze pauvres diables entassés dans cette misérable cabane!

Lorsque Mor-Vaniel parut avec le Pillaouer, les tailleurs lui firent un honneur que les Bretons accordent rarement, ils ôtèrent les premiers leurs chapeaux.

Le Ligueur seul s'assit et resta couvert au milieu de ces douze têtes chevelues.

Le mot d'ordre échangé avec l'hôte fut prononcé par chacun à voix basse. Merlin remplaça, par la lueur blafarde et fumeuse d'une chandelle de résine, les dernières clartés du jour qui venaient de s'éteindre; et le dialogue suivant s'établit entre Mor-Vaniel et les tailleurs, dans le plus pur dialecte de la Cornouaille.

Piarik allait et venait pendant ce temps-là, comme le lutin familier de la cabane, dirigé par les signes impérieux du Pillaouer, qui faisait cuire, sur un feu de tourbe, une chaudronnée de sarrasin.

—Vous avez fait votre tournée dans toutes les paroisses?

— Dans toutes les paroisses, monseigneur.

— C'est dimanche prochain le grand pardon de Pont-Aven ?

— C'est dimanche prochain.

— Combien y aurons-nous d'hommes de la paroisse de Nizon ?

— Quatre cents à peu près, répondit le premier tailleur.

— Combien de celle de Kemperlé ?

— Trois mille, répondit le second tailleur.

— Combien des trêves de Lothéa ?

Le troisième tailleur répondit :

— Deux cent-cinquante.

— Combien de celles de Trébalay ?

— Cent soixante-dix.

— Combien de celles de Moëlan ?

— Trois cent soixante.

— Combien de celles de Clohars ?

— Quatre cents.

— Combien de celles de Tré-Konk ?

— Deux cent dix.

— Combien de celles de Lanriek?

— Deux cent trente.

— Combien de celles de Bannalek?

— Deux cent soixante.

— Combien de celles de Névez?

— Deux cents.

— Combien de celles de Trévoux?

— Deux cents.

— Combien de celles de Melven?

— Trois cent quarante.

— Cinq mille vingt hommes, dit Mor-Vaniel, qui, d'un bout de sarment brûlé, avait inscrit sur le mur la réponse de chaque tailleur. Comptons sur trois mille et quelques cents, ajouta-t-il, après une pause. Nos pêcheurs et nos paysans de la Forêt compléteront les cinq mille.

Puis, se retournant vers les kéméner, qui avaient tranquillement vidé une nouvelle cruche de cidre pendant qu'il faisait ce calcul, il leur adressa, en passant en revue chaque trêve, des questions auxquelles ils répondirent ainsi :

— Ceux de Kemperlé ont quatre cents chevaux, deux cents arquebuses, trois cents pistoles et cinq cents piques. Ils marcheront au signal du tocsin, pour la seule nourriture et un verre de gwin ardent.

— Ceux de Nizon sont riches, mais sans armes. Ils ont cent trente bidets. Ils fabriqueront des lances avec leurs faux et des piques avec leurs faucilles.

— Ceux de Lothéa et Trébalay ont eu leurs maisons brûlées par La Fontenelle ; ils se lèveront à condition qu'on leur donne le pillage. Soixante chevaux, trente arquebuses et cent piques.

— Ceux de Clohars et de Névez souffrent de la disette et du mal jaune. Ils ont des armes, et seront conduits par leur recteur. Quatre-vingt chevaux, mais en mauvais état.

— Ceux de Bannalek demandent, avant de partir, mille livres pour relever leur clocher abattu par le tonnerre. Point d'armes à feu, trente chevaux.

— Ceux de Trévoux et de Moëlan sont en pleine famine et en pleine guerre avec les loups depuis un mois ; ils réclament une centaine de messes pour leurs morts après la prise de Kemper. Ni armes, ni chevaux, mais des hommes déterminés à tout, et deux cents femmes qui marcheront avec eux.

Le Ligueur fit encore beaucoup de questions aux tailleurs ; il répondit lui-même à leurs observations ; il leur distribua des instructions, des promesses et de l'argent ; il leur donna rendez-vous au pardon de Pont-Aven, pour recevoir leurs derniers avis et présider à l'élection des chefs de bandes ;

puis franchissant une porte de communication, il suivit le Pillaouer dans la seconde cabane.

— *Kénavo* (1), *kéméner!* dit-il alors, en posant un doigt sur sa bouche.

—*Kénavo, ma otrou!* repartirent les douze voix ensemble.

Aussitôt Piarik s'approcha du foyer, sur un signe de son maître, et posa sur un trépied boiteux la chaudronnée de sarrasin, ornée de douze cuillers de bois.

Chaque tailleur, s'étant signé, en prit une qu'il trempa tour à tour dans la bouillie fumante et dans le beurre fondu. Une dernière libation de cidre arrosa le souper, tandis que le sourd-muet en disputait les restes à Pen-Ru, et les douze kéméner, armés de leurs penn-baz et du signe de la croix, dispa-

---

(1) *Kénavo,* adieu. — Mot à mot : *jusqu'à ce que cela soit.*

rurent à travers le carneillou, que la lune peuplait déjà de mille fantômes...

La pièce dans laquelle Merlin venait d'introduire Mor-Vaniel était un palais à côté de la première cabane. Tout ce qui indique l'aisance dans un intérieur breton s'y trouvait, pour ainsi dire, en miniature.

Des crêpes fines et dorées, posées sur un linge blanc, brillaient au bord de la pierre de l'âtre, à côté d'une vingtaine de sardines pêchées le matin, et qui frémissaient au milieu d'une poêle ardente. Deux petits bancs de chêne garnissaient la droite et la gauche du foyer : l'un servait de marchepied à un lit-clos en bois ciselé, dont les panneaux entr'ouverts laissaient voir un oreiller blanc comme la neige ; l'autre avoisinait une table propre et luisante, couverte d'une tourte de seigle et d'un pain de froment enveloppé d'une nappe de toile. Une fenêtre carrée était pratiquée au-dessus de cette table dans l'épaisseur du mur. Le mur opposé disparaissait derrière un bahut gothique, une armoire et un buffet, dont le bois noir, sculpté d'ornements du dernier siècle, aurait aujourd'hui la plus grande valeur.

A la façon dont tout cela était rangé, on reconnaissait quelle fête c'était, pour le Pillaouer, que la visite du Ligueur.

Après lui avoir servi son repas, assaisonné de vieux vin d'Anjou, il lui persuada facilement d'attendre au lendemain pour reprendre la route de Pont-Aven ; et il ajouta, avec un sourire particulier, que lui-même lui servirait de guide...

— Vous, mon père ! dit-Mor-Vaniel, qui aimait à réjouir le vieillard par ce titre affectueux.

— Moi, si Monseigneur le veut bien, reprit le Pillaouer. D'ici à deux jours, ajouta-t-il, j'ai affaire au château de Rustéfan.

— Au château de Rustéfan !... c'est là que je vais aussi... s'écria le Ligueur étonné.

— Sainte-Marie ! vous allez au château de Rustéfan ! répéta Merlin, plus étonné encore.

Et les deux interlocuteurs se regardèrent avec inquiétude.

Malgré le dévouement profond et en quelque sorte fatal du Pillaouer pour Gwenaël, malgré la reconnaissance presque filiale de Gwenaël pour le Pillaouer, malgré le tendre et vénéré souvenir de Martha la sainte (Merlin l'appelait ainsi dans ses prières), on conçoit que le jeune homme ne confiait point au vieillard les secrets de son amour, et que le vieillard confiait encore moins au jeune homme les secrets de son avarice.

Outre qu'ils se voyaient trop rarement et

trop passagèrement pour se faire ces aveux, le premier eût craint de n'être pas compris, le second eût été sûr d'être blâmé.

Le Pillaouer avait bien su que le Ligueur était prisonnier de M. du Liskoët ; mais d'abord lui-même était depuis peu de temps au pays de Concarneau ; ensuite il n'avait point osé se rendre à la ville de Kemper ; enfin, se figurant le captif entièrement libre, il le croyait devenu fort étranger au baron.

De son côté, Mor-Vaniel n'ignorait pas le véritable métier de son tad-mager, quoiqu'il fermât les yeux sur cette triste vérité. Il voyait bien que l'usurier se dédommageait, par ses duretés envers d'autres débiteurs, des avances onéreuses et multipliées qu'il lui faisait à lui-même. Jusque dans la manière dont ces avances étaient faites, il pouvait reconnaître la cupidité du vieillard. Plus d'une fois, en effet, l'amour de l'or et le souvenir de Martha luttant l'un contre l'autre dans cet étrange personnage, son œil avait regretté les sommes que sa main versait au Ligueur ; et ce même œil étincelait toujours de plaisir lorsque ces sommes lui étaient rendues après quelque heureuse campagne.

Mais Mor-Vaniel était loin de soupçonner que l'avarice de Merlin et la détresse du seigneur de Rustéfan se fussent jamais trouvées en présence, car ce pénible secret n'avait pas été gardé par le débiteur moins soigneusement que par le créancier.

Toutefois, l'amant d'Aliénor et le prêteur du baron pressentirent, sans s'en rendre compte, le conflit qui les attendait au château de Rustéfan ; et ces deux hommes, qui venaient de manger comme père et comme fils à la même table, se mirent à s'interroger en véritables adversaires, chacun cachant son secret pour découvrir celui de l'autre.

— Pourquoi retournez-vous auprès de votre ennemi ?

— Qu'avez-vous à faire chez M. de Liskoët ?

La première question fut présentée vingt fois par le Pillaouer, avec toute l'insistance que le respect permit à sa curiosité ; et le Ligueur répéta la seconde avec toute l'autorité dont il pouvait user envers son hôte.

Mais de part et d'autre la réserve fut plus grande encore dans les réponses : tout ce que Merlin put savoir, c'est que Mor-Vaniel n'était pas libre vis-à-vis du baron, qui, d'ailleurs, l'avait invité au mariage de sa fille ; et tout ce que le Ligueur put deviner, c'est que le Pillaouer avait un rôle à jouer dans ce mariage-là même.

— Quelle serait la nature et la portée de ce rôle ?

Mor-Vaniel résolut de le savoir à tout prix !

Comme ses raisons avaient satisfait le vieillard beaucoup plus que celles du vieillard ne l'avaient satisfait lui-même, il lui restait contre son adversaire une supériorité qu'il mit adroitement à profit.

En quelques moments de conversation, il eut calmé les dernières inquiétudes de Merlin, et feignant de n'en plus conserver lui-même, il se disposa à se mettre au lit.

Alors l'époux de Martha oublia tout pour rendre ses soins à Gwenaël. Il pria pour lui devant le crucifix de bois, tandis que lui-même priait pour la Bretagne et pour Aliénor ; il lui ôta ses armes pièce à pièce, pensa de nouveau et cicatrisa tout à fait sa blessure, l'aida à monter dans le lit clos, battit l'oreiller sous sa tête, roula doucement les couvertures, secoua le gui sacré trempé d'eau bénite, poussa les deux panneaux dans les coulisses, et baisa la main qui pressait la sienne.

En ce moment, Pen-Ru ayant gratté à la porte, il l'introduisit près de son maître, le fit sortir aussitôt de peur du bruit, et rejoignit Piarik dans l'autre pièce.

Etrange et impitoyable caprice du cœur! l'homme qui venait de prodiguer tant de soins à un seigneur dont il n'avait jamais rien reçu n'eut que des reproches et des duretés pour l'esclave qui lui dévouait sa vie entière, pour le guide qui le suivait partout avec le docile attachement d'un chien, pour le complice qui se faisait sourd-muet afin de lui servir plus sûrement d'espion !

Or, le crime de Piarik était d'avoir bu un reste d'eau que lui-même était allé puiser à un quart de lieue, au lieu de donner cette eau à boire au cheval du Ligueur !

Peu s'en fallut que le pauvre diable ne fût condamné à retourner au milieu de la nuit à la fontaine ; mais le Pillaouer se contenta de la promesse qu'il y courrait au point du jour.

Aussitôt tous deux conduisirent le précieux cheval dans une hutte de broussailles et de chaume, adossée au dolmen. Là, le bidet de Merlin, cette pauvre Mamm dont on se souvient peut-être, dut pratiquer l'hospitalité à ses dépens, en cédant à son camarade de lit et de râtelier toute la paille fraîche et toute l'herbe nouvelle. Après quoi, le Pillaouer rentra avec précaution dans la chambre du Ligueur, non sans avoir traité son serviteur comme son cheval, en donnant à Pen-Ru la litière de Piarik.

Mais le chien se montra, en cette occasion comme en bien d'autres, supérieur à l'homme; car il céda généreusement la moitié de la couche à son compagnon, qui le paya de son côté par la moitié de la couverture; et au moyen de cet échange fraternel, tous deux s'endormirent assez chaudement.

Quand le Pillaouer fut enfermé avec le Ligueur, il s'assura que celui-ci était plongé dans un sommeil profond, le visage tourné vers la ruelle du lit.

Alors, il poussa un ressort qui fit ouvrir les battants du buffet, et il en tira une liasse de papiers et de parchemins, s'approcha de la flamme qui mourait dans l'âtre, ralluma un bout de résine dont il masqua la lumière avec son corps, regarda encore une fois si Mor-Vaniel ne s'éveillait point, et se mit à parcourir les mystérieux papiers.

Peu à peu ses petits yeux étincelèrent à la vue de tous ces titres qui étaient déjà ou qui seraient un jour sa propriété; et son attention devint si vive et si ardente, qu'il n'entendit point le Ligueur se retourner dans son lit.

Mor-Vaniel avança doucement la tête jusqu'au bord de l'oreiller, entr'ouvrit les yeux dans l'ombre, et ne perdit pas un seul des mouvements du vieillard.

Ce tableau avait quelque chose de sombre et de fantastique, digne d'être rendu par le pinceau de Rembrand...

Après être resté longtemps penché sur ses parchemins, sous le rayon blafard et petillant de la résine, Merlin parut avoir trouvé la pièce qu'il cherchait; il la sépara des autres avec une sorte de respect, se retourna à demi pour l'opposer à la lumière, en examina minutieusement le cachet, la forme et les signatures, la mania d'un geste avide, avec un sourire sardonique, et la déposant sur la pierre de l'âtre, alla remettre les autres dans le buffet.

Ensuite, il détacha et ouvrit sa ceinture de cuir, y serra le contrat précieux, referma le cadenas d'acier, cacha la clef dans un bénitier de coquille, plaça la ceinture à sa droite sous la protection du trèfle à quatre feuilles, croisa la racine de bruyère qui préserve toute maison des reptiles avec la petite fourche qui écarte les couriquets des dolmens, suivant la chanson où ils parlent eux-mêmes :

Les-hi, les-han ;
Baz ann arar a zo gant han ;
Les-han, les-hi ;
Baz ann arar a zo gant hi.

Laisse-la, laisse-le ; laisse-le, laisse-la ;
Ils ont avec eux le bâton de la charrue (1).

Après quoi, il se signa douze fois de suite, et se coucha sur la paillasse qui lui servait de lit.

Au bout d'une demi-heure, ce fut Mor-Vaniel qui se leva à son tour, qui ranima la

(1) La petite fourche en question sert à nettoyer le soc de la charrue. (*Galerie bretonne*, par Bouet et Perrin, t. II, p. 31.)

pâle chandelle dans l'âtre et qui épia attentivement le sommeil du Pillaouer.

Convaincu que ce sommeil n'avait rien de simulé, il prit la clef dans le bénitier de coquille, ouvrit le cadenas de la ceinture, et en tira le papier qu'il reconnut facilement.

Une inspiration à laquelle il n'avait pu résister lui avait dit que ce papier contenait le secret de Merlin, et peut-être la ruine de Liskoët, peut-être le malheur d'Aliénor!

Il s'en assura en lisant à la lueur du foyer le contrat rédigé au manoir de la Bonnetière... Et quand il vit le mariage de mademoiselle du Liskoët et de M. de La Noue stipulé dans ce contrat, il ne put retenir une sourde exclamation qui faillit réveiller le Pillaouer.

Mor-Vaniel avait tout compris, et il voyait pourquoi Merlin allait à Rustéfan!...

Les trente-cinq mille livres hypothéquées

sur la Bonnetière, pour les vingt-cinq mille qui avaient été prêtées, n'avaient sans doute point été rendues par Liskoët. La rente et les intérêts, et les intérêts des intérêts, s'étaient probablement accumulés. Merlin ne pouvait plus être payé, comme il l'avait bien prévu, que par l'abandon de la Bonnetière, et il fallait pour cela qu'Aliénor, qui allait avoir vingt ans, épousât son fiancé dans le terme fatal, sous peine de déshonneur pour elle-même et pour son père, pour le capitaine La Noue et pour son fils, et pour Henri IV en personne.

— Deux enfants mariés pour le service du Roi! s'écria le Ligueur avec une colère mêlée d'ironie. Voilà bien une invention de ce temps malheureux!

Et il frémit que cet odieux mariage fût déjà célébré; mais il se rassura en songeant que Merlin n'eût pas manqué de s'y rendre.

Peu s'en fallut, cependant, qu'il ne livrât le contrat à la flamme; mais il réfléchit que cela ne dégagerait point un homme comme le baron, et il fit un mouvement pour remettre le papier à sa place.

Dans ce mouvement son regard rencontra la figure sèche et ridée du Pillaouer, qui, privée de l'éclat des yeux, semblait alors une tête de momie, et dont les rares cheveux blancs flottaient épars sur la toile brune de la paillasse.

— Et voilà l'homme qui s'est fait mon père! dit-il en rougissant. Voilà l'homme qui m'aide à sauver la Bretagne!....

Il fut tenté de réveiller le vieillard, de lui montrer ce qu'il avait lu, de le sommer de déchirer le contrat, de le menacer s'il refusait, de se jeter à ses pieds s'il résistait aux menaces.

— Mais vain espoir! se dit-il bientôt,

il me donnerait son sang comme il m'avance son or, plutôt que de renoncer à dépouiller un hérétique! Et puis, lui avouer que j'aime une fille protestante, moi! Mor-Vaniel le Ligueur! moi, qui ose à peine me l'avouer à moi-même! Il croirait expier tous les crimes de son avarice en me séparant à jamais d'Aliénor!.... Il faut, reprit-il après un silence, il faut que ce marché s'exécute, sans que la main de mademoiselle du Liskoët y soit comprise! Il s'agit donc d'abord de rembourser le Pillaouer; je me chargerai ensuite d'empêcher le mariage! — Mais où trouver cet argent? à qui demander une pareille somme? ajouta-t-il en considérant Merlin d'un air pensif.

Tout à coup il tressaillit, comme s'il eût trouvé l'expédient qu'il cherchait.

— Gardons toujours ce titre! dit-il en cachant le contrat dans son justaucorps. Je puis désarmer l'avare sans le déposséder ; et il a bien mérité cette leçon !

Alors il referma la ceinture, remit le tout à sa place, éteignit la lumière, et remonta dans son lit.

Le Pillaouer fit un brusque mouvement sur sa paillasse, et Mor-Vaniel craignit de l'avoir réveillé ; mais il reconnut aussitôt qu'il rêvait, en l'entendant balbutier les paroles suivantes.

— Arriéré des intérêts, depuis quatre ans : sept mille livres.... Intérêts des intérêts : cinq cents écus, dix sous, trois deniers ; total du capital et des intérêts : quarante-trois mille cinq cents livres, dix sous, trois deniers. Madame de La Noue donne procuration à son mari, et je saisis le manoir de la Bonnetière pour cette somme, moins les dix sous, que je laisse à l'énerguep (1), et

(1) Corbeille de noce. — Voir *Jeanne de Montfort*, tome I.

les trois deniers, que j'abandonne au tronc de la paroisse.... Quant à la paire de souliers promise à Piarik, il ne l'aura qu'à Noël prochain, aux premières gelées.

— Madame de La Noue?.... jamais! s'écria le Ligueur en refermant son lit. — C'est donc quarante-trois mille livres qu'il lui faut!... Je les aurai!

— Est-ce que vous ne dormez pas, monseigneur? demanda doucement Merlin, qui avait entendu le frottement de la coulisse.

Mor-Vaniel se garda de répondre, et le bruit égal de sa respiration tranquillisa bientôt le vieillard.

Il s'agenouilla néanmoins sur sa paillasse pour réciter un *Pater* et un *Ave,* car le cri sinistre d'une fresaie venait de retentir dans le silence du carneillou.

Merlin fut réveillé, au point du jour, par Piarik, qui sortait pour aller chercher de l'eau. Il se leva sans être entendu de Mor-Vaniel, remit sa ceinture, aux pâles clartés de l'aube, et se trouva prêt à servir son hôte lorsque les rayons du soleil lui firent ouvrir les yeux.

Mor-Vaniel eut d'abord quelque inquiétude en voyant Merlin, debout, à son chevet; mais il s'assura que l'acte était toujours sur sa poitrine, que l'usurier ne soupçonnait rien, et il quitta le lit avec confiance.

En peu d'instants le déjeuner fut préparé par le Pillaouer, et tous deux se mirent à table, tandis que Piarik sellait et bridait les chevaux à la porte.

Le Ligueur choisit ce moment pour exécuter le projet qu'il avait conçu, et sembla disposé à faire ses confidences à son hôte.

— Mon père, lui dit-il, un peu embarrassé du mensonge qu'il allait faire, mais se rassurant par la noblesse de ses intentions; je vous ai dit que je suis toujours prisonnier de M. du Liskoët.

Il s'attendait à voir Merlin parler aussitôt de sa rançon, mais il se souvint que, si l'avare ne lui refusait jamais d'argent, jamais il ne lui en proposait le premier. Il poursuivit donc, et ouvrit ainsi la brèche :

— Le baron qui me croit seigneur de Lestialla, m'a rendu mon épée pour dix jours; il m'a comblé de politesses, et il m'a invité aux noces de sa fille; mais je ne puis racheter ma liberté qu'à un prix considérable.

— Considérable ! répéta le Pillaouer, à qui ce mot fit faire un double mouvement ; mouvement d'intérêt pour le Ligueur, et mouvement d'intérêt pour sa propre bourse. Le tout se traduisit sur sa figure par la grimace la plus significative (1).

(1) Pour cette circonstance, comme pour toutes celles de la

— Combien donc vous faut-il, monseigneur, trois ou quatre mille livres?

— Bien plus que cela !

— Sainte Marie ! deux mille écus ?

— Bien plus encore !

La grimace du Pillaouer devint attendrissante. Il regarda le Ligueur avec un étonnement inquiet.

— Huit cents pistoles vous suffiraient-elles?

— Hélas, non !

— Sainte Marie ! quinze mille livres ?

— Vous n'y êtes point.

captivité de Mor-Vaniel, il est à propos de rappeler l'inaltérable respect qu'on portait aux lois de la guerre, à cette époque où l'on semblait ne respecter plus rien. Un gentilhomme n'était point déshonoré pour piller, brûler et massacrer à droite et à gauche ; mais son nom eût été voué à l'infamie, s'il eût rompu son ban quand il était prisonnier. Aussi presque tous les prisonniers l'étaient-ils sur parole, jusqu'à leur solennelle délivrance. Voilà pourquoi le Pillaouer n'a pas même une objection contre la réclamation de Mor-Vaniel. Il connaît la loi, et il s'y soumet.

— Vingt mille ?

— Vous n'en approchez pas !

— Sainte Marie ! s'écria le Pillaouer en joignant les mains.

Et il les reporta machinalement sur sa ceinture, comme si les sommes qu'il venait d'énumérer étaient sorties de sa bourse.

— Voulez-vous donc dix mille écus, monseigneur ? reprit-il avec un effort si désespéré, que le Ligueur, touché de compassion, hésita à lui répondre.

— J'ai besoin de quatre mille pistoles ! dit-il enfin d'un ton résolu, les yeux fixés sur ceux du vieillard.

Depuis des années qu'il puisait dans le trésor inépuisable de Merlin, jamais il ne lui avait demandé à la fois plus du quart de cette somme !

— Quatre mille pistoles ! plus de treize mille écus ! quarante mille livres ! répéta le vieillard, atterré par le coup, et sondant sa propre blessure dans tous les sens.

Il demeura près d'une minute sans pouvoir prononcer une parole, son regard exprimant tour à tour l'horreur et l'incrédulité, le dévouement et la méfiance.

— Un dernier effort, mon père! dit Mor-Vaniel en lui pressant la main. Vous avez déjà tant fait pour moi et pour la Bretagne! D'ailleurs, vous savez que je n'entends point recevoir de présent; je suis votre débiteur, et la guerre vous paye mes dettes. Le premier butin de mes paroisses sera vendu pour vous rembourser cette somme.

— Cette somme, monseigneur, mais je ne l'ai point!

— Vous l'avez!

— Qui vous a dit cela?

Pour la première fois de sa vie, Merlin jeta un regard menaçant à Mor-Vaniel.

—Gwenaël vous demande cette grâce, au nom de Martha! reprit le Ligueur de sa voix la plus douce.

Et cette voix et ce nom produisirent un tel effet sur le vieillard, qu'une larme sembla trembler derrière ses épais sourcils.

La lutte d'un mourant avec la douleur, dans une opération de vie ou de mort, n'est pas plus terrible et plus touchante que celle qui se peignit sur la figure de Merlin.

— Sainte Marie! quarante mille livres! voilà les seuls mots qu'il put balbutier.

Il évitait et cherchait tour à tour la figure du Ligueur. Il allait et venait par la cabane, comme une bête fauve dans sa cage. Il levait les mains vers le ciel avec désespoir...

Quand il s'arrêta tout à coup en face de Mor-Vaniel, une sueur froide lui découlait du front.

— Votre liberté dépend donc de ces quarante mille livres, monseigneur? demanda-t-il d'une voix suppliante.

— Non-seulement ma liberté, mais mon repos, mon bonheur, ma vie peut-être !

— Votre vie! s'écria Merlin; — voici ce que vous demandez, Gwenaël !

Et cette fois deux véritables larmes, deux larmes brûlantes se perdirent dans les joues ridées du vieillard.

Etait-ce l'avare ou le tad-mager qui les versait? Chacun sans doute versait la sienne !

Le premier mouvement du Pillaouer (et ce mouvement effraya le Ligueur) fut de chercher dans sa ceinture le contrat qu'il croyait y être, et de céder — sacrifice horrible ! — son titre avec ses pouvoirs à Mor-Vaniel.

Mais, son habileté ne l'abandonnant point au plus fort de son dévouement, sa main fut retenue par le calcul le plus judaïque et le plus raffiné qu'il eût peut-être jamais fait.

Il réfléchit, en effet, que la simple restitution du traité contre la liberté du Ligueur serait un événement trop heureux pour Liskoët, dans la détresse financière où il le supposait. Ni lui ni son gendre n'ayant, sans doute, une telle somme, il ferait bien mieux, lui Merlin, de maintenir et d'exécuter d'abord son arrêt sur la Bonnetière, qui valait plus de quarante mille livres, et son recours, plus avantageux encore (si le mariage manquait), sur le château de Rustéfan, dont Liskoët avait repris possession. Une simple mise en demeure, non suivie de remboursement, lui suffisant pour saisir, aux termes formels de l'acte, tout cela serait terminé avant trois jours, puisqu'à la fin du troisième Aliénor aurait vingt ans. Il serait alors assez temps pour Mor-Vaniel de verser sa rançon, dont il pouvait lui remettre les valeurs en exigeant ce délai rigoureux. De cette façon, chaque affaire se terminerait sans nuire à l'autre, et, en fin de compte, il se trouverait nanti d'un bon domaine, après avoir bénéficié quelques milliers d'écus.

Mais si, au lieu de faire ces beaux raisonnements, le Pillaouer avait pu lire dans le cœur de Mor-Vaniel, il n'eût certes point pris le chemin de son coffre-fort; car son avarice le jetait en ce moment, par un juste retour, dans le piége le plus parfait qu'elle-même eût jamais tendu à la crédulité d'autrui !

Malheureusement le Ligueur ne tenait pas encore les valeurs si ardemment désirées, et l'expression prématurée de sa joie devait trahir son généreux projet.

Soit que le vieillard eût surpris la pensée d'Aliénor sur les lèvres du gentilhomme, soit que toute autre parole fût venue réveiller ses soupçons endormis, il s'arrêta court au moment d'ouvrir le buffet, observa sévèrement Mor-Vaniel des pieds à la tête, tressaillit en comparant la somme qu'il demandait à celle que devait le baron, et, rejetant soudain le Ligueur du ciel sur la terre, remit la clef de son buffet dans sa poche.

— Je traiterai moi-même de votre rançon, dit-il sèchement ; j'ai une autre affaire avec M. du Liskoët...

— Le baron est perdu ! pensa Mor-Vaniel avec désespoir.

Mais une arme lui restait pour le défendre ; il dissimula, de peur de se la voir enlever, et répondit au vieillard :

— Comme il vous plaira, mon père.

Il trembla toutefois, jusqu'au dernier moment, que Merlin fouillât dans sa ceinture. Mais la méfiance de l'avare n'alla point jusque-là, et tous deux partirent bientôt pour Pont-Aven.

Un brouillard jaunâtre enveloppait à cette

heure l'horizon, et rien n'était plus affligeant à voir que le désert de la lande et les pierres grises du carneillou.

On eût dit les ruines colossales d'une ville anté-diluvienne, ou quelque Sodome anéantie par le feu du ciel.

Pas un être vivant, pas même un oiseau n'animait cette plaine désolée, dont l'écho répétait avec étonnement le pas des voyageurs, et les tintements de l'angelus sonné par la cloche de Tré-Konk...

X.

LE CHATEAU DE RUSTÉFAN.

Le château de Rustéfan (mot à mot *tertre d'Étienne*) est situé tout près de Pont-Aven, à l'ouest, sur les hauteurs qui dominent la route de Concarneau, entre cette ville et celle de Kemperlé.

Aujourd'hui cet édifice n'est plus qu'une

ruine, mais c'est la plus belle ruine de la Cornouaille.

Suivant les uns, Rustéfan fut bâti très-anciennement par un fils des rois de Bretagne, du nom d'Étienne. Cambry, qui en exagère l'antiquité jusqu'à la faire remonter au sixième siècle, convient lui-même que cette conjecture est sans preuves. D'autres, et notamment MM. de Fréminville et de La Villemarqué, ne voient en Rustéfan qu'un grand manoir du quinzième siècle (1), et plusieurs parties du bâtiment se rapportent, en effet, à l'architecture de cette époque. Tou-

(1) A ce propos, M. de Fréminville, si exact d'ordinaire, commet une grosse erreur en disant que Rustéfan était un pavillon de chasse des ducs de Bretagne aux quinzième et seizième siècles. (*Antiquités du Finistère*, 2ᵉ partie, page 149.) Le docte antiquaire oublie que le dernier duc de Bretagne mourut avant la fin du quinzième siècle, et qu'au commencement du seizième il n'y avait plus ni duc ni duché. M. de Fréminville a été entraîné à cette distraction par l'innocente manie de déprécier le château de Rustéfan, trop vivement exalté par Cambry, son prédécesseur.

tefois, à bien examiner cet édifice dans son ensemble, il nous a paru que la vérité résidait entre ces deux opinions.

Le château de Rustéfan est un monument du moyen âge, restauré ou achevé dans le courant du quinzième siècle.

On sait positivement qu'en 1250 il appartenait à Blanche de Castille, femme de Louis VIII, et qu'un baron de Rohan l'habita vers l'année 1420. Le souvenir de ce personnage existe encore dans la mémoire des paysans de Pont-Aven. Quels furent, depuis cette époque, les seigneurs de Rustéfan? C'est ce qu'aucune trace ne peut faire découvrir. L'opinion générale est que l'édifice, détruit au temps de la Ligue, n'a point été réparé depuis. En 1793, dit-on, on voyait encore, au-dessus de la porte, un écusson qui eût indiqué les derniers propriétaires; mais cet écusson a été arraché par quelque ennemi de la noblesse des pierres; de sorte que l'histoire de Rustéfan est demeurée impossible.

Telle qu'on la voit encore avec ses pans de murs ébréchés, ses tourelles croulantes, sa façade sculptée, son vêtement de mousse et de lichen, et son admirable manteau de lierre, la ruine de Rustéfan donne l'idée d'une belle habitation seigneuriale. Ce qu'il en reste forme un corps de logis en carré long, qui n'a qu'un seul étage. Mais Cambry assure que la principale façade a disparu, que de ses débris on a construit le village voisin. La façade actuelle est flanquée d'une tour ronde, qui sert de cage à l'escalier, ou du moins qui en servait, car l'escalier s'écroule tous les jours. Chaque marche de cet escalier était une pièce du granit le plus fin. Au pied de la tour est la porte d'entrée, à cintre aplati, ornée de sculptures gothiques assez remarquables. Les fenêtres de la façade sont toutes carrées, et les croisées composées de croix de pierre, taillées avec élégance. Rien n'égale l'aplomb des murs, construits en magnifiques assises de granit, et qui résisteront encore à plusieurs siècles. Çà et là quelques traces noirâtres semblent indiquer les ravages de la flamme, et notre opinion est qu'un grand incendie a passé par là. A chaque angle de l'édifice s'élève une tourelle à cul-de-lampe, ou nid d'hirondelle, de l'effet le plus pittoresque. Ces tourelles sont cimentées de mortier si dur, que le pic seul pourrait les entamer. La salle principale, mesurée par Cambry, a quarante pieds de long, vingt-quatre de large et vingt pieds de haut. L'intérieur est revêtu d'une sorte de stuc qui devait recevoir le poli le plus parfait... « Il y a dans tout cela, dit le voyageur, dans cette simplicité de dispositions, dans cette grandeur sans ornements stériles, dans ces pierres d'attente détachées des voûtes qu'elles supportaient, dans ces conduits par où l'eau chaude arrivait des offices dans les salles, un caractère de noblesse et d'antiquité qu'il est impossible de décrire. » Les combles et les planchers sont entièrement détruits; mais les hautes cheminées s'élèvent encore à côté de la tour et des tourelles. « L'angle droit du château est recouvert d'un énorme lierre, dont les branches et le feuillage s'étendent à vingt pieds sur les murailles qui le soutiennent. Une des assises angulaires enlevée se trouve remplacée par le tronc contourné de ce lierre, qui peut avoir en cet endroit dix-huit pouces de diamètre. Un pommier sauvage domine pittoresquement un des grands pans de la façade. Du gui, du lierre, mille plantes, des mousses variées tapissent ce beau massif d'architecture; rien ne le domine. Du haut d'une tourelle qu'on peut encore atteindre, mais avec peine, on plonge sur une vaste étendue de terres fertiles; on distingue le bourg de Bey. La vue se borne à l'horizon par le grand arc de l'Océan. »

A ce tableau, qui n'a guère changé depuis Cambry, il faut ajouter l'aspect de Pont-Aven, un des plus jolis paysages de la Bretagne : les manoirs et les chaumières étagés sur la colline, les eaux limpides de la rivière écumant autour des rochers, les roues des moulins battant l'eau de leurs ailes ruisselantes, les ravins bordés d'aunes et de peupliers au feuillage tremblant, le manoir du Plessis-Nizon caché dans le dédale de ses avenues de chênes, les chemins creux descendant le flanc des coteaux sous leurs vertes arcades, l'Aven et ses ruisseaux fuyant vers la mer au milieu des champs de seigle et de blé noir, à travers les prairies émaillées de clochettes bleues et de marguerites blanches ; enfin, dans le lointain, le château du Hénan, dominant un large bassin de sa galerie découpée de trèfles à jour.

Tel était l'agréable séjour qu'habitait alors le seigneur Bertrand du Liskoët, et dans lequel allaient se continuer les événements de cette histoire.

Mais voici d'abord ce qui s'était passé au manoir de Rustéfan depuis que le baron et sa fille étaient arrivés de Kemper.

Après s'être remis de leurs fatigues et de leurs alarmes, les châtelains avaient espéré jusqu'au lendemain des nouvelles de Salomon et de Lestialla. N'en recevant d'aucun côté, ils avaient envoyé, le matin du troisième jour, les chevau-légers de Lézonnet dans toutes les directions, et ils attendaient impatiemment le retour de ces messagers...

A cet effet, ils étaient réunis, sur les cinq heures du soir, dans la grande salle du premier étage, dont les fenêtres regardaient la campagne. Le baron se montrait tour à tour sombre, inquiet et résigné; Aliénor, penchant son front sur sa main, cachait les vives émotions qui agitaient son âme ; et Blanche, plus blonde, plus pâle et plus mélancolique que jamais, tantôt se plongeait dans une longue rêverie qui l'isolait de tout le monde, tantôt se réveillait en sursaut pour répondre à sa cousine ou à son oncle, et semblait alors comprimer son cœur dans sa poitrine, comme pour empêcher un secret douloureux de s'en échapper avec ses soupirs.

Un personnage fort singulier, grand, gras et gros homme, au teint rose et aux cheveux blonds, se tenait debout à côté du châtelain, s'asseyant quand il s'asseyait, se levant quand il se levait, marchant quand il marchait; en un mot, remplissant auprès de lui le même emploi que son ombre.

Le langage de cet individu n'était pas moins restreint que ses fonctions ; car il se se bornait à peu près à ces mots : *ia,* ou : *no, montsir.*

C'était ce Lansquenet à qui la colère de Liskoët avait cassé un bras dans la révolte de Beauvoir, et que le châtelain gardait depuis ce jour-là près de lui, comme un épouvantail permanent.

Quand le baron, ce qui devenait de plus en plus rare, retombait dans ses emportements d'autrefois, Olarius avait pour mission de lever son bras gauche, amputé à la suite de sa blessure. Ce simple mouvement, comme le *quos ego* de Neptune, faisait succéder tout à coup le calme plat à la tempête; et colère, jurons et menaces, prêts à déborder, rentraient en grondant dans leur lit.

Ce devoir accompli, du reste, le Lansquenet n'avait d'autre occupation que de manger, boire et dormir, ce dont il s'acquittait avec une ardeur exemplaire.

On juge que rien n'était plus doux qu'une pareille sinécure, pour un soldat qui avait souffert dans les camps tous les maux de la guerre. Aussi maître Olarius bénissait chaque jour sa facile destinée ; il engraissait et rajeunissait à vue d'œil, ne connaissait ni chagrins ni soucis, et semblait la personnification du bonheur, au milieu des tristes ou sombres visages de Rustéfan.

La gouvernante seule luttait avec Olarius pour la fraîcheur, l'éclat et l'embonpoint ; — trop heureuse si la rivalité se fût arrêtée là ! Mais honoré, comme dame Amice, de la confiance du baron, n'ayant absolument rien à faire au château, le Lansquenet s'était avisé d'y faire le maître ; et, sans avoir le titre de majordome, il en usurpait réellement l'autorité. Ses talents culinaires, développés par sa gourmandise, étaient le solide fondement de sa puissance : il éclipsait totalement la dame de Koatkatar pour l'ordonnance d'un dîner, pour la ponctualité d'un rôti, et surtout pour la perfection des confitures ; souvent même son génie s'élevait jusqu'à l'invention d'un ragoût ou d'une friandise qui transportait M. du Liskoët au sixième ciel, et la gouvernante alors tremblait devant ce nouveau César, comme Pompée la veille de la bataille de Pharsale.

Si du moins l'influence d'Amice sur la population féminine du manoir eût été respectée par ce conquérant domestique ! Mais la malheureuse se voyait menacée jusque dans ce dernier retranchement. Le peu d'empire que lui donnait sa religion, sur mademoiselle Tré-Anna, et la réserve que sa surveillance imposait à Aliénor, cédaient chaque jour quelque terrain au plaisir que les jeunes filles trouvaient avec messire Olarius. Ce maudit intrus avait seul le privilége de les distraire de leur tristesse par la singularité de sa figure et les drôleries de son jargon. Amice remarquait même avec terreur qu'il se faisait de plus en plus soigneux et coquet pour leur être agréable, s'attifant de toutes les soieries et de toutes les dentelles de la défroque du châtelain, se peignant et se frisant les cheveux comme une femme, et se parfumant d'essences empruntées à la garde-robe de Salomon.

Cependant une partie des habitants de Pont-Aven célébraient le retour de leur seigneur, en buvant à sa santé devant la grande porte du château.

C'était le plus petit nombre et les tenants du château même; car l'écharpe blanche et la réforme avaient « donné des cornes » à

Liskoët; et, n'eût été le souvenir pieux et cher de la baronne, les « Ligueux » de l'endroit lui eussent fait quelque mauvais parti. Il est vrai qu'ils respectaient encore Aliénor et sa cousine, les deux anges gardiens de Rustéfan, ne pouvant croire que la première fût calviniste, quoiqu'elle n'allât point à la messe, et la confondant avec la seconde dans leur reconnaissance, comme toutes deux les avaient confondus dans leurs largesses.

On parlait donc dans la grande salle des inquiétudes que laissaient l'attaque de La Fontenelle et la disparition de Lestialla.

Toutes les fois qu'on prononçait le nom du Ligueur, le baron, appuyé sur sa longue canne, regardait sa nièce, qu'il était surpris de ne point voir se troubler; et cette erreur l'empêchait de remarquer le profond désespoir d'Aliénor.

La gouvernante laissait, de temps à autre,

échapper avec compassion le nom du pauvre
ministre; car elle se reprochait intérieurement d'avoir contribué à son malheur, et
elle le croyait si bien brûlé cette fois par les
bandits, qu'elle ne songeait plus qu'à ses
bonnes qualités. Souvent aussi la dame de
Koatkatar se tourmentait des plaisanteries du
châtelain sur ce gentilhomme gascon qu'elle
n'avait point vu dans l'escorte, et qui avait si
lestement pris la fuite au premier aspect de
l'ennemi.

Quoiqu'on eût, dans le temps, bien assuré
Amice de la mort de son indigne mari, elle
trouvait des rapports effrayants entre M. de
Lantagnac et M. de Listenac, et elle ne cessait de demander au seigneur du Liskoët le
véritable nom du chevalier.

— César ou Bayard... je ne sais plus lequel!... répondait négligemment le baron.

Et il était loin de soupçonner l'angoisse

poignante dans laquelle cette incertitude laissait la pauvre veuve.

Puis, cherchant à égayer ses filles, qu'il trouvait aussi tristes l'une que l'autre, le vieux seigneur se jetait dans ces accès de bonne humeur forcée auxquels il demandait l'oubli de ses douleurs, et il se promettait de finir joyeusement ses jours dans son beau domaine de Rustéfan.

Là-dessus il complimentait Blanche, qui n'y tenait guère, sur l'ordre magique qu'elle avait rétabli dans le château. Il parlait à Aliénor, qui tressaillait avec terreur, de la belle chevauchée qu'ils feraient au-devant de M. de La Noue, dès qu'il leur annoncerait son arrivée. Mais, voyant que ni l'une ni l'autre ne répondait à sa guise, fatigué des questions d'Amice sur le chevalier César, il envoyait de bon cœur les femmes à tous les diables, se redressait en grommelant sur la pomme d'or de sa canne, et prêtait l'oreille, par la fenêtre, aux conversations de ses fermiers.

Or, ces conversations roulaient sur un événement capital à Pont-Aven, le retour prochain du vieux curé de la paroisse, après trois ans de captivité parmi les Anglais.

Messire Alain Kérihuel avait été enlevé par ces hérétiques, lors du passage du prince de Dombes, au moment où il prêchait la paix et la concorde à ses paroissiens assemblés. N'étant pas forcés d'entendre le breton, quand ils n'entendaient pas même le français, les sujets d'Élisabeth avaient cru que le digne homme poussait les paysans à la révolte, et ils avaient mis la main sur lui sans autre forme de procès.

Ce qui est bon à prendre est bon à garder, meilleur encore à vendre. Une fois maîtres de la personne sacrée du recteur, les Anglais n'avaient voulu revenir sur leur malentendu que moyennant dix mille livres sonnantes, et messire Alain, trop charitable pour être riche, avait été emmené dans le Léonais, à la suite de l'armée royale.

Mais à peine cette nouvelle avait-elle fait le tour du pays, que les habitants s'étaient réunis comme un troupeau d'orphelins. C'est qu'en effet M. le recteur était le commun père de la paroisse; Ligueurs et Royaux n'avaient qu'un seul cœur pour lui, comme lui-même n'avait qu'un seul cœur pour tous.

— Je ne sais trop qui règne à Paris, disait le bon curé dans ses prônes; mais je sais bien qui règne aux cieux, mes enfants. Aimez et servez le bon Dieu, votre véritable roi; aimez-vous surtout les uns les autres, voilà la meilleure politique.

Et, joignant l'exemple au précepte, messire Alain portait à tous les enfants et à tous les vieillards, à toutes les femmes et à tous les hommes, à tous les mourants et à tous les malheureux, le même visage et la même parole, la même bourse et les mêmes sacrements. Il ne demandait au ciel ni la victoire de celui-ci, ni la défaite de celui-là, mais une pluie féconde en avril et de bonnes chaleurs en août, du lin pour la quenouille de la ménagère, de beaux enfants pour les jeunes mariés, la tourte de seigle pour le pauvre, et la grâce de Dieu pour tout le monde.

Aussi, huit jours après son départ, on pleurait encore dans toutes les chaumières, et chacun se disait :

— Comment délivrer M. le recteur?

Peu s'en fallut que les plus pacifiques ne prissent les armes pour aller attaquer les ravisseurs de messire Alain; mais c'eût été désobéir à messire Alain lui-même : cette considération calma leur ardeur.

Les femmes et les mendiants firent des neuvaines et des pélerinages à toutes les fontaines, à toutes les chapelles, à tous les dolmens et à toutes les croix du pays.

Enfin, le ciel refusant de confondre l'hérésie par un miracle, en prêtant des ailes au prisonnier pour regagner le clocher de Pont-Aven, on vit que le seul moyen d'en finir était de payer la terrible rançon.

Alors ce fut à qui rendrait une obole au bon pasteur, pour les belles livres tournois qu'il en avait reçues. Ceux qui n'avaient point d'argent à offrir donnèrent la dîme de leurs moissons, le travail de leurs bras et le fruit de leurs loisirs. Les Bretonnes filèrent pour messire Alain le recteur, comme leurs aïeules avaient fait pour M. du Guesclin le connétable. Les tailleurs et les mendiants quêtèrent de village en village, de maison en maison, de cabane en cabane ; bref, le tronc établi dans la petite église «pour la délivrance de M. le curé » se remplit peu à peu, et il n'y manquait que quelques centaines de livres le jour où Blanche de Tré-Anna précéda son oncle à Rustéfan.

Le soir même de ce jour, ô manne du ciel! la somme se trouva complétée par une main inconnue, ou plutôt par une main que chacun put reconnaître à ce bienfait.

Mademoiselle de Tré-Anna eut beau se défendre en rougissant de cette action généreuse, Danielle Favennek, la pieuse mère de l'indigne Salomon, déclara qu'elle l'avait vue, au coucher du soleil, sortir secrètement de la petite église.

D'ailleurs, on savait toute la tendresse de la jeune fille pour le saint vieillard qui avait élevé son enfance, pour le digne confesseur de sa tante, madame la baronne du Liskoët. Et, plus malheureuse encore que les paroissiens, Blanche n'avait point revu M. Kérihuel depuis près de douze années.

Quoi qu'il en fût, on avait dépêché à Brest, où était en ce moment le captif, un exprès chargé de la précieuse somme ; et, — singulier effet des discordes politiques, — cet exprès n'était autre que Toussaint Favennek, sacristain de la paroisse, frère du kloarek qui avait embrassé la réforme !

Voilà donc de quoi parlaient les villageois assemblés devant la porte du château.

On distinguait, au milieu des voix les plus bruyantes, celle de la mère Danielle, Ligueuse acharnée, maudissant tout haut les hérétiques, y compris M. le châtelain lui-même, y compris surtout son propre fils Mikel, honte d'une famille de sept garçons, tous plus Ligueurs les uns que les autres.

Alanik, un de ces garçons,—chose importante à noter, — ressemblait singulièrement à l'ivrogne qui avait jeté Lézonnet et le baron dans l'embuscade de La Fontenelle ; et le drôle, tout en vidant force pots de cidre à la santé de monseigneur, étudiait les entrées et les issues du manoir d'une façon qui n'avait rien que de suspect...

Tout à coup, un cavalier parut sur la route de Concarneau, à un demi-mille de distance, et, dans la salle comme dans la cour, ce fut à qui le reconnaîtrait le premier.

Les paysans se dirent que c'était peut-être Toussaint Favennek ; le baron espéra que c'était un de ses messagers ; Aliénor demanda à Dieu que ce fût Lestialla, et la gouvernante trembla que ce fût le chevalier César.

Toutes ces suppositions étaient fausses : chacun s'en aperçut bientôt.

A mesure que le cavalier inconnu s'approchait, sa personne, son air, sa monture même, devenaient plus problématiques.

Enfin les illusions de chacun s'envolèrent, au bruit d'un immense éclat de rire.

Le cavalier était à califourchon sur un âne, le visage tourné vers la queue de la bête; il arrivait par conséquent à reculons, et semblait terminer un long voyage.

De plus, l'infortuné était nu-tête, nu-pieds, avait les cheveux ras, portait une chemise pour tout vêtement, et poussait des soupirs à déchirer le cœur.

La gouvernante fut la première qui le reconnut, et qui s'écria en joignant les mains, avec une compouction comique :

— Bonté divine ! c'est maître Salomon !

Grâce aux explications d'un écuyer, les paysans reconnurent à leur tour Mikel, et la vieille Danielle ne put retenir un cri de mère, étouffé au milieu d'une imprécation.

Hélas! c'était en effet le pauvre ministre qui revenait au château.—Mais pourquoi dans un pareil état? C'est ce qu'il n'eut pas d'abord la force d'expliquer.

Quand il eut traversé les groupes moqueurs ou compatissants des villageois; quand sa mère se fut assurée, tout en le maudissant, qu'il n'avait aucun mal; enfin quand la pitié de la gouvernante lui eut procuré un costume plus convenable, le malheureux comparut tout essoufflé dans la grande salle, et raconta douloureusement ses aventures.

Pris par les brigands sur le champ de bataille, ayant à la main pour toute arme un bout de l'écharpe d'Amice, il avait passé une demi-heure dans une sorte d'insensibilité, entendant à peine les détonations des arquebuses, les cris des combattants et les hennissements des chevaux. Enfin quelqu'un était venu le recueillir, il s'était senti emporté par un galop rapide, et il avait retrouvé ses sens au milieu d'un sombre taillis.

Là, une foule de visages plus terribles les uns que les autres l'avaient entouré. Convaincu que sa dernière heure était venue, il était tombé à genoux, et avait recommandé son âme à Dieu.

— C'est un ministre huguenot, disaient entre eux les gens de La Fontenelle.

Et La Fontenelle lui-même lui avait demandé de sa voix la plus formidable :

— Fais-tu le prêche ou dis-tu la messe?

Il ne se rappelait plus la réponse qu'il avait faite... Mais le baron présuma que le martyre l'avait tenté médiocrement, car il avoua qu'au lieu de le tuer aussitôt, les bandits s'étaient mis à le fouiller.

— Alors, poursuivit Salomon, la Providence, *ô altitudo!* daigna sauver mon corps par un instrument qui eût pu tourner à la perte de mon âme. De tous les symboles d'idolâtrie, *inania signa,* que j'avais rejetés en

dépouillant le vieil homme, il ne me restait,
— le ciel me pardonne cette faiblesse! —
qu'un petit crucifix d'or fin, donné par mon
père à son moment suprême. Il le tenait de
son père, qui l'avait reçu de son aïeul; et il
m'avait fait jurer, sur son dernier soupir, de
le porter toute ma vie, pour le transmettre un
jour à mes enfants, si jamais je remplissais
le précepte du Seigneur : *Crescite et multipli-
camini, et replete terram.*

Salomon soupira en prononçant ces mots,
et regarda la dame de Koatkatar, assez forte-
ment scandalisée de son récit.

— J'offensais Dieu, sans doute, reprit-il
avec componction; *major est iniquitas mea
quam ut veniam merear!* Mais le serment fait
au lit de mort d'un père... et le prix du crucifix, qui valait deux cents livres... Enfin j'a-
vais continué de le porter sous ma robe; et
si Dieu devait me punir en m'enlevant un

coupable trésor, sa clémence me réservait une leçon que mon repentir sincère n'oubliera jamais. — Trouvant ce petit crucifix sur moi, *arcanum in arcanis*, les bandits m'ont pris pour un prêtre papiste... et...

— Et corps de Christ! vous ne les avez pas détrompés, mon maître! interrompit sévèrement le baron du Liskoët.

— Et ma vie a été sauvée, monseigneur! *Nequaquam morte moriemini*, repartit Salomon d'une voix touchante. Cependant, poursuivit-il avec hésitation, une épreuve plus terrible encore m'était réservée. Depuis longtemps les scélérats n'avaient point vu de prêtre, et ces fanatiques désiraient l'absolution de leurs crimes...

— On vous les a fait confesser? s'écria le châtelain, ne pouvant cette fois s'empêcher de rire, en dépit de ses scrupules.

— Tous, monseigneur, tous, les uns après

les autres!... *Miserere mei, Deus, secundum magnam misericordiam tuam!...* Figurez-vous la confession des diables de l'enfer! Les horreurs que j'ai entendues retentiront toute ma vie à mon oreille, *sicut sonum tubœ!...* Et il a fallu leur donner l'absolution, me rappeler les paroles de l'erreur abjurée par moi, et bénir à deux mains ces misérables, tous prêts à recommencer leurs abominations. Encore si j'eusse été libre après ce supplice! mais La Fontenelle m'a gardé deux grands jours, dans l'espoir que je lui donnerais quelques renseignements, ou que ma rançon lui serait payée par ma famille. Je lui ai dit que j'étais abandonné par les miens, comme le fils d'Agar au milieu du désert : *vagus et profugus in terra;* que, moins heureux même que le fils d'Agar, ma mère m'avait versé le vin de sa malédiction, au lieu de me verser l'eau de la source miraculeuse ; si bien que voyant qu'il n'y avait rien à tirer de moi, *pauper ego*, ils m'ont renvoyé ce matin *ad benedictionem Domini*. Mais ne voulant pas que j'en fusse quitte à si bon marché, ils ne m'ont rendu libre qu'à deux conditions. D'abord, ignominie des ignominies! ils m'ont dépouillé de mes vêtements; ils ont rasé le peu de cheveux qui me restaient, comme à Samson : *et rasit crines ejus*. Puis ils m'ont attaché sur un âne, comme vous avez vu, et ils m'ont parlé ainsi, *eludentes me* : — Retournez à Pont-Aven en cet état, sinon vous serez tué chemin faisant ; et d'ici à trois jours déposez deux cents livres au pied de la croix de Tré-Konk, sinon vous serez tué le quatrième jour... Et ne croyez pas nous échapper si vous manquez à ces deux conditions; car en quelque lieu que vous vous cachiez, cent poignards seront levés sur votre tête!... Alors je me suis mis en route sans oser désobéir à ces hommes féroces, voyant toujours les cent poignards levés sur moi, et disant à ceux qui me raillaient ou voulaient me délivrer, que je voyageais ainsi pour remplir un vœu à Saint-Pierre-ès-liens... — Voilà mon histoire, monseigneur et mesdames, *et factum est ita,* conclut le pauvre ministre en essuyant la sueur de son front.

— Et tout cela, reprit-il en se tournant vers la belle gouvernante, tout cela m'est arrivé parce que madame de Koatkater n'a pas eu confiance en mon courage!...

Touchée de ce reproche mérité, Amice essaya de dédommager Salomon par un regard compatissant; mais la nouvelle opération faite à la tête du malheureux la rendait si plaisante, que l'amoureuse du Béarnais, malgré tous ses efforts, partit d'un éclat de rire qui devint aussitôt général.

Cependant le baron, respectant son ministre et son médecin, fit une diversion favorable au pauvre diable en l'interrogeant sur ce qu'il avait appris dans son voyage, et d'abord sur le nombre, la position et les projets des bandes de La Fontenelle.

— Leur nombre est de plusieurs mille, répondit Favennek avec terreur; ils occupent trois ou quatre châteaux forts sur la côte ou dans les terres, et leur projet est d'assaillir et de piller tous les bourgs, villages et manoirs où il y a un riche butin à recueillir.

— Alors ils n'auraient que faire ici, et nous n'avons rien à craindre, dit en riant le seigneur du Liskoët.

Puis il interrogea le ministre sur Lestialla.

Aliénor, qui attendait ce moment avec angoisse, s'approcha tremblante pour entendre la réponse.

— M. de Lestialla n'est pas ici? demanda le docteur avec l'étonnement le plus naïf.

— Est-ce qu'il n'était point, comme vous, prisonnier de La Fontenelle? s'écria vivement mademoiselle du Liskoët.

— Je suis tombé seul au pouvoir des bandits, répliqua Salomon, tandis qu'une douce espérance animait les yeux d'Aliénor.

Mais cette espérance fit place au plus morne abattement, quand le ministre, frappé d'un souvenir :

— Les brigands ont parlé, dit-il, d'un cavalier tué par eux, dont ils n'ont pas eu le temps d'enlever les dépouilles. Ce cavalier, sans doute, était M. de Lestialla.

— Sans doute, hélas! soupira le baron, qui, se tournant tristement vers sa nièce, ne vit point la pâleur mortelle de sa fille. C'est un brave et galant homme de moins! ajouta Liskoët; je le regrette d'autant plus, Corps de Christ! que j'espérais le rallier à la bonne cause. Cependant, reprit-il après un instant de réflexion, si les brigands ont tué Lestialla sans l'enlever, comment se fait-il que nous ne l'ayons pas trouvé sur le champ de bataille? Ceci est assez étrange et assez difficile à expliquer.

Et il allait adresser d'autres questions à Favennek, lorsqu'il fut interrompu par le retour des chevau-légers.

Ils arrivaient bride abattue, haletants, effarés, couverts de poussière, et demandant à parler tout de suite au châtelain...

— Qu'est-ce? qu'y a-t-il? dit Liskoët au premier qui entra dans la salle.

— Il y a : que Mor-Vaniel le Ligueur a enlevé Concarneau à Lézonnet, le jour même de notre passage! Que le duc de Mercœur est avec les Espagnols dans cette forteresse! Et que d'ici à quelques jours sans doute le maréchal d'Aumont sera assiégé dans Kemper!... Voilà ce qu'il y a, monseigneur!

Le baron fut si étourdi de ces nouvelles, que sa longue canne lui échappa des mains, et qu'il se laissa retomber dans son fauteuil.

— Corps de Christ! s'écria-t-il ensuite avec une sorte de fureur, êtes-vous bien sûr de ce que vous dites là?

Le cavalier répondit qu'il tenait la chose des paysans mêmes de Konk, et qu'il avait vu de ses yeux le drapeau de la Sainte-Union sur les tours de la citadelle.

Puis il raconta comment l'événement avait eu lieu; et Dieu sait combien de jurons Liskoët lança contre Mor-Vaniel, contre l'arrière-ban et contre Lézonnet lui-même!

Il fallut, pour qu'il se calmât, qu'Olarius vînt se placer devant lui, et lui montrât jusqu'à trois fois son bras manchot.

Passant alors de la colère à une ardeur qui rappelait ses plus belles journées :

— Dieu me damne! reprit le baron, nous voilà retombés en pays ennemis; nous pouvons à toute minute être assaillis dans ce château, et nous n'avons qu'à nous mettre en état de défense! Quel malheur, ajouta-t-il, que M. de La Noue tarde tant à venir! S'il était ici avec ses gens d'armes, nous ferions la noce ce soir même, et vous partiriez demain pour Concarneau.

Comme il parlait ainsi, un nouveau messager, survenu au milieu du tumulte, entra solennellement dans la salle, et s'avança plus solennellement encore vers le baron.

Chacun reconnut le gigantesque Iwen-Vraz, cet arquebusier de Beauvoir qui tirait au panache blanc, et qui, pardonné si généreusement par le Béarnais, était devenu un des meilleurs soldats de M. de La Noue. Le capitaine l'avait donné à son fils, dont il était aujourd'hui le fidèle trompette; et Iwen arrivait en ce moment de Kemperlé, chargé d'une lettre d'Odet pour le châtelain.

Après avoir fait le signe de la croix en bon catholique, le Breton remit cette lettre au nom de la sainte Trinité, et Liskoët la fit lire par maître Salomon.

« Meure la Ligue et vive le Roi!...

« J'arrive à Kemperlé avec cinq cents
« hommes; je serai demain à midi à Rusté-
« fan, et après demain je pourrai me dire
« votre gendre.

« ODET DE LA NOUE.

« Je baise les mains de mademoiselle du
« Liskoët. »

Tandis qu'Aliénor et Blanche pâlissaient également à cette lecture, comme frappées du même coup :

— A la bonne heure! s'écria le baron; je

savais bien que messire Odet serait homme de parole! — Mais qu'est-ce qu'il y a donc encore? ajouta-t-il en entendant les villageois pousser de grands cris devant le château.

C'était Toussaint Favennek qui revenait de Brest avec la bonne nouvelle : M. le recteur était libre! Il serait le lendemain matin à Pont-Aven! Toussaint avait voulu prévenir les paysans, pour qu'ils pussent aller au-devant de leur pasteur.

— Allons, très-bien ! dit Liskoët, ce sera demain le jour des revenants ! — En attendant, reprit-il, qu'on me donne les clefs de la salle d'armes; que les femmes rentrent dans leurs chambres, et que les hommes me suivent dans la grande cour.

Cet ordre fut exécuté en un clin d'œil, et le baron se trouva seul avec les chevau-légers et les hommes d'armes.

— Monseigneur, lui dit tout bas Salomon,

avant de suivre la gouvernante aux offices, vous me devez plusieurs mois de mes honoraires ; auriez-vous la bonté...

— De vous les payer ? Pourquoi faire ?...

— Pour mettre au pied de la croix de Tré-Konk la somme exigée par les bandits : *Redde Cæsari quod est...*

— Ce serait une lâcheté ! interrompit le baron ; et j'en suis incapable, ajouta-t-il en tournant le dos au ministre. Corps de Christ ! poursuivit-il en lui-même, plût au ciel que j'eusse de quoi payer d'autres dettes ! Je ne porterais point mes écus aux croix du grand chemin !

Le nom de Merlin le Pillaouer expira en grondant sur ses lèvres.

— Mon Dieu, mon Dieu ! comment donc faire ? soupira Salomon.

Et il prit le chemin des offices, en murmurant à part lui l'*Exaudiat* du Psalmiste.

Alors Liskoët saisit sa canne, descendit l'escalier en s'appuyant sur Olarius, et donna ses ordres pour la défense du manoir.

Au bout d'une demi-heure, les fauconneaux et les arquebuses à croc montrèrent la tête aux ouvertures pratiquées dans les murailles (1). Les hommes d'armes, les piquiers et les valets se partagèrent la défense des divers postes, et une sentinelle fut établie au sommet de la grosse tour.

Ces précautions prises, le châtelain remonta dans la salle, où il trouva sa nièce qui l'attendait toute seule...

— Que voulez-vous, Blanche, et qu'avez-vous, mon enfant ? lui demanda-t-il avec surprise, en la voyant s'approcher d'un pas chancelant et indécis.

Mais cette surprise devint de l'inquiétude,

---

(1) On voit encore ces ouvertures dans la ruine de Rustéfan.

lorsqu'il remarqua le visage pâle et défait de la jeune fille.

— Elle pleure Lestialla! pensa le vieillard; j'étais sûr que ces deux jeunes gens s'aimaient!...

— Blanche, que voulez-vous? reprit-il, car elle hésitait à ouvrir la bouche.

— Ce que je veux?... Je veux retourner à Lok-Maria, monsieur mon oncle! dit enfin mademoiselle de Tré-Anna, en se laissant tomber à genoux...

— Retourner à Lok-Maria, mon enfant!... Et pourquoi ne pas rester ici?

— Parce que je m'y sens mourir! s'écria Blanche, qui cacha ses beaux yeux noyés de larmes.

L'embarras et l'émotion gagnèrent le vieillard. D'une main moitié rude et moitié tremblante, il releva sa nièce, et il lui demanda l'explication de son chagrin...

— C'est un secret qui ne sortira jamais de là!... dit Blanche en serrant convulsivement sa poitrine.

— Au fait, je le sais trop! pensa le baron; ces blessures ne sont pas comme les arquebusades; le seul moyen de les guérir est de ne jamais les sonder.

Et soulageant la jeune fille à sa manière, il se borna à combattre sa résolution; mais rebelle à toutes ses instances, comme à tous ses raisonnements:

— Il y a longtemps, reprit Blanche, que j'ai juré de passer ma vie au prieuré!...

— Votre vie entière?

— Elle ne sera pas longue!

— Quelle idée folle! dit en riant le châtelain. Mais ce rire se glaça sur ses lèvres, quand Blanche lui raconta que son noviciat était déjà fait.

— Votre noviciat! s'écria-t-il sévèrement;

Corps de Christ, mademoiselle, vous voulez donc prendre le voile?

— Peut-être!... répondit la jeune fille d'une voix profonde, quand ce cœur apaisé sera digne d'épouser le Seigneur!...

— Toujours Lestialla! se dit Liskoët.

Cette fois, cependant, son émotion tourna en impatience; et, bien convaincu que l'exaltation de sa nièce céderait à quelques instants de fermeté, il lui déclara qu'elle ne retournerait point au couvent.

Alors une lutte étrange s'engagea entre le vieux capitaine et la douce novice.

D'un côté ce furent de brusques paroles, des gestes impérieux, des emportements comprimés; de l'autre, de tendres conjurations, des larmes éloquentes, des soupirs désespérés, des sanglots déchirants...

Le vieillard demeura inflexible, tant que la jeune fille fut suppliante; mais quand il la vit recueillir tout son courage et se redresser aussi ferme que lui-même, quand il s'entendit déclarer solennellement :

— Enfermez-moi donc ici! monsieur le baron ; car je vous préviens que je n'y resterai que par force!...

Alors cet homme d'acier fléchit devant un mystère qu'il renonçait à comprendre, et il promit à sa nièce de la faire reconduire à Lok-Maria, aussitôt après le mariage de sa cousine.

— J'y veux retourner avant ce mariage, mon oncle! reprit vivement la jeune fille; j'y veux retourner dès demain, après avoir revu M. le recteur et reçu sa bénédiction!

Ceci fut un nouveau mystère pour le châtelain. Il se l'expliqua par la peine que ferait à Blanche le bonheur d'Aliénor; mais l'exécution du projet lui parut impossible.

— Comment vous mener à Lok-Maria, mon

enfant, à travers des routes infestées par tous les partis ?

— Tous les partis respectent les pèlerins, monsieur le baron ! Pèlerine moi-même, je suivrai à pied ceux qui partent demain pour Sainte-Anne-la-Pallue ; j'en ai fait le vœu à l'auguste mère de Marie.

La pieuse enfant disait vrai, et il n'y avait rien à répondre à cette raison. Liskoët exigea seulement qu'un de ses écuyers accompagnât Blanche, et il lui dit, en la baisant tristement au front :

— Je ne croyais pas que vous m'eussiez abandonné ainsi ! — J'ai à peine connu ma pauvre Marie-Havoïse ; je vais donner ma fille à La Noue et ma nièce au Seigneur. C'est le destin des vieillards : je mourrai seul !

—Oh non, mon cher oncle! s'écria Blanche en le pressant dans ses bras.... car je vais prier Dieu sur la terre, comme ma tante le prie dans le ciel, et le jour n'est peut-être pas éloigné où la même religion nous réunira tous, comme autrefois!...

— Jamais! dit le protestant d'une voix austère.... — A demain, Blanche, reprit-il plus bas. Vous viendrez me dire adieu de bonne heure, dans ma chambre, et vous quitterez le château pendant que j'irai au-devant de mon gendre... afin que je ne te voie pas partir, mon enfant.

Liskoët serra rudement la main de la jeune fille, reprit sa canne à l'envers, et rentra dans sa chambre en grommelant à part lui :

— Corps de Christ! ce pauvre Lestialla s'est fait tuer mal à propos, et on a raison de dire qu'un malheur n'arrive jamais seul!...

XI

LA VOIX D'EN HAUT.

Le lendemain matin, par un de ces jours voilés qui annoncent les tristesses de l'automne, deux cortéges fort différents descendirent, à peu de distance, le chemin creux et encombré de rochers, qui conduit du manoir de Rustéfan au bourg de Pont-Aven.

Le premier de ces cortéges, formé de vingt hommes d'armes, était celui de Bertrand du Liskoët, qui allait embrasser La Noue sur la route de Kemperlé. Le second se composait des femmes et des filles de la paroisse, allant recevoir, avec Blanche et Aliénor, M. le recteur de Pont-Aven.

Aliénor avait persuadé à son père qu'il était plus décent pour elle d'accompagner sa cousine que d'aller au-devant de son fiancé.

Les chevau-légers, les écuyers et les valets étaient restés à Rustéfan avec Olarius et Amice, et la sentinelle devait ébranler le beffroi du donjon, s'il y avait lieu d'y rappeler les hommes d'armes.

Quant à Salomon, il avait rêvé toute la nuit aux poignards des brigands, et il avait juré de ne pas mettre le pied dehors avant d'avoir réalisé sa rançon!...

Après avoir salué, en passant, l'église où

reposait la baronne, Liskoët disparut avec ses cavaliers sur la route, et les deux jeunes filles entrèrent dans le bourg.

Pont-Aven, ville de renom :
Quatorze moulins, et quinze maisons (1).

dit un proverbe du pays. Ce proverbe n'a point flatté Pont-Aven, qui comptait déjà plus de quinze maisons à l'époque de la Ligue. Ce qu'il y a de vrai, c'est que les moulins y sont fort nombreux et animent délicieusement l'aspect de la bourgade. Sur chaque ruisseau qui abandonne ou rejoint l'Aven, sur chaque pont courbant son arche de bois ou de granit, sur chaque cascade dont la colline jette l'eau dans le ravin, sur chaque écluse formée par l'entassement des rochers, la roue

(1) Ker a Pont-Avenn, brut enn hi :
Pévarzek meil, ha pemzek ti.

d'un moulin tourne à l'ombre d'un vert feuillage, et joint son léger *tic tac* à celui des roues environnantes. C'est un concert de bruits monotones ou variés, cadencés ou confus, rapprochés ou lointains ; un conflit d'ombres mystérieuses et de lumières soudaines, de couleurs ternes ou tranchantes, de reflets pâles ou éclatants, multipliés et brisés par un mouvement infini ; et tout cela si bien concentré et caché dans l'étroit vallon creusé par la rivière, qu'on entend Pont-Aven longtemps avant de l'apercevoir, et qu'il s'épanouit aux yeux des voyageurs comme une oasis créée par le caprice d'une fée.

Ce jour-là, le coup d'œil était encore animé par la population du bourg réunie devant la porte de l'église, par les femmes et les filles vêtues de blanc comme pour une première communion, par la bannière de la paroisse balancée dans la main ferme de Toussaint

Favennek, et par le bruit de la cloche appelant à grande volée M. le recteur. Il n'était pas jusqu'à l'humble église qui n'eût secoué son long deuil pour se parer de draps blancs, et qui n'eût semé son porche et sa nef des fleurs de la saison ; — honneur obtenu par messire Alain seul après Dieu, qui ne l'obtenait lui-même qu'une fois l'an, le dimanche de sa fête !

On attendait encore le saint exilé, au-devant de qui s'étaient portés les plus impatients paotred, lorsque Aliénor et Blanche parurent au milieu de cette foule comme deux jeunes reines au milieu de leur peuple, et l'effet de ce tableau fut encore plus grand sur mademoiselle du Liskoët que sur mademoiselle de Tré-Anna.

C'est qu'en perdant sa mère, Aliénor, toute jeune qu'elle fût, n'en avait point perdu le souvenir, et ce souvenir se composait des plus douces impressions de la foi romaine. La jeune fille était calviniste par la naissance, par le baptême, par la volonté de son père, mais personne ne l'était moins par le cœur et par l'imagination.

Quoique, suivant les serments faits au baron, elle n'eût jamais pénétré dans une église depuis son enfance, et peut-être même parce qu'elle n'y avait jamais pénétré, le sanctuaire catholique était pour elle le centre des plus attrayants mystères et des rêveries les plus merveilleuses; les grandes choses qu'elle y avait vues et entendues dans ses premières années, quand la baronne l'y portait suspendue à son cou, avaient gravé au plus profond de sa mémoire mille réminiscences ineffaçables.

La veille encore, après avoir assisté aux froides prières récitées en commun par Salomon, après avoir psalmodié les cantiques

de Marot entre les murailles nues du prêche
de Rustéfan, Aliénor s'était endormie en rêvant aux pieux enseignements, aux tendres
paroles, aux derniers embrassements de sa
mère; aux pompes sacrées des cérémonies
qu'elles avaient suivies ensemble ; aux grandes nefs remplies de fidèles, étincelantes de
cierges, embaumées d'encens ; au bruit terrible ou joyeux des cloches, convoquant au
deuil ou à la prière, annonçant à tous la
joie ou la douleur de chacun ; aux longues
processions déroulant leurs flots d'or et de
soie ; aux pénitents agenouillés au pied du
confessionnal; aux jeunes filles communiant
à la table sainte; aux chérubins inclinés devant l'hostie radieuse; au Christ descendant
du ciel à la voix des prêtres ; à la Vierge divine, dont la baronne portait et invoquait le
nom; au paradis, où celle-ci avait trouvé
place entre les élus et les anges ; en un mot, à

tous les admirables mystères, à toutes les touchantes pratiques du catholicisme.

Les confidences de Blanche n'avaient pas laissé aussi que d'ébranler Aliénor. Sans avouer le véritable motif de sa retraite, mademoiselle de Tré-Anna avait exalté les douceurs d'une religion qui console de toutes les douleurs; et la fiancée de La Noue avait regretté au fond de l'âme de ne pas pouvoir se réfugier, comme sa cousine, à Lok-Maria.

Enfin elle avait écouté avec émotion jusqu'aux naïves prédications d'Iwen, chargé de la ramener après le départ de sa cousine.

Il faut dire qu'Iwen-Vraz, depuis sa conversion politique, s'était attribué une grande mission religieuse. Se croyant appelé à chasser l'hérésie du royaume par la prière et l'exhortation, comme la Pucelle d'Orléans en avait chassé les Anglais par le glaive, l'honnête trompette passait les jours à prêcher les saines doctrines aux protestants, et les nuits à lever les mains vers le ciel pour leur conversion générale.

Il se proposait, en outre, plusieurs conversions particulières, et d'abord la plus importante de toutes, celle de Henri IV. Les vœux, pèlerinages, neuvaines et dévotions de tout genre qu'il faisait à cet effet eussent été incalculables; et ils commençaient à porter leurs fruits, car le Béarnais avait consenti à recevoir les instructions des évêques, — résultat évident de la dernière neuvaine de Vraz à saint Jean-Chrysostome!

En ce moment, notre pêcheur d'hommes tendait l'hameçon à M. de La Noue, son maître, auprès duquel il avait déjà perdu bien du latin; et il s'était flatté d'être plus heureux à Rustéfan, où il avait d'abord attaqué l'hérésie dans son ministre.

Le sujet de la thèse débattue le matin

entre Iwen et Salomon avait été le mariage des prêtres. Si le catholique avait plaidé contre avec l'éloquence de la raison, le calviniste avait plaidé pour avec l'éloquence du cœur; et la gouvernante étant survenue pendant la discussion, Favennek l'avait prise pour juge, en résumant la question par un tendre coup d'œil.

— Le mariage dépend du goût des maris pour les femmes, et du goût des femmes pour les maris, avait répondu la dame de Koatkatar.

Puis, expliquant sa pensée par un regard coquet lancé au trompette :

— C'est-à-dire, avait-elle ajouté, que chacun doit se marier à son gré!

Et elle avait disparu dans l'office, comme Galatée derrière les saules.

Heureusement la parfaite insensibilité de son adversaire avait consolé le docteur Salomon de cet argument *ad hominem*.

Iwen était bientôt parti pour le bourg à la suite de Blanche et d'Aliénor, et il n'avait pas manqué une occasion d'offrir à celle-ci le pain nourrissant de sa parole.

Il fut édifié de la manière dont la jeune fille accueillit la belle tirade qu'il lui avait ménagée, sur le retour du pasteur catholique au milieu de ses ouailles, et il ne put s'empêcher de bénir le ciel à haute voix, lorsqu'il la vit attacher un regard humide sur la petite église de Pont-Aven.

On eût fort étonné le trompette si on lui eût dit qu'en ce moment Aliénor ne l'écoutait nullement, mais qu'elle pensait au tombeau de sa mère, enfermé dans cette église où elle n'était jamais entrée.

Ce fut alors qu'un grand cri poussé sur la route et répété dans tout le bourg annonça l'arrivée de messire Alain.

Aussitôt la cloche sonna plus fort, la bannière se mit en marche, la multitude ouvrit les rangs, toutes les têtes se découvrirent, et l'on vit paraître M. le recteur porté sur les bras des paotred.

C'était un beau vieillard, à la figure calme et douce, au regard paternel et au sourire indulgent. Les pauvres habits qui le couvraient, loin d'ôter à la dignité de sa personne, la rendaient plus vénérable encore.

En l'apercevant, les paroissiens de Pont-Aven ne pleurèrent pas seulement de joie, car il revenait avec une couronne de cheveux blancs qu'il n'avait point au départ !

Aliénor s'agenouilla involontairement, comme tout le monde, sous les bénédictions du pasteur, et elle ne put reconnaître, sans attendrissement, l'homme qui avait été le meilleur ami de sa mère.

Elle se revit elle-même, dans un vague souvenir, jouant toute petite sur les genoux de M. Kérihuel, et peu s'en fallut qu'elle ne suivît le troupeau empressé, qui rentrait au bercail sur les pas du pasteur.

Mais le fantôme de son père se dressa pour l'arrêter sur le seuil, et elle resta plongée dans ses réflexions, tandis que les chants sacrés retentissaient dans l'église.

Le bruit de ces chants, le recueillement d'Iwen, la vue de la nef et du peuple agenouillé, de l'autel et des cierges aperçus de loin, tout cela exalta tellement son imagination, qu'elle resta immobile et rêveuse jusqu'à la fin de la cérémonie.

Alors les pèlerins de Sainte-Anne-la-Pallue sortirent de l'église, et mademoiselle de Tré-Anna vint dire adieu à sa cousine.

Réveillée en sursaut dans les bras de Blanche, Aliénor s'attacha à elle avec une sorte de terreur. Elle la supplia encore une fois de rester à Rustéfan, de retarder son départ; elle lui demanda en pâlissant quand elle reviendrait... puis un grand bruit de chevaux les interrompit toutes les deux.

— C'est M. de La Noue sans doute! s'écria Iwen, qui courut s'en assurer.

Et les deux jeunes filles devinrent si tremblantes, qu'elles durent s'embrasser pour se soutenir.

Ah! si dans ce moment leurs cœurs se fussent ouverts l'un à l'autre!...

Mais entendant le bruit se rapprocher, Blanche s'arracha brusquement des bras d'Aliénor; elle lui montra le ciel en lui souhaitant le bonheur sur la terre; elle la serra encore une fois sur sa poitrine palpitante, et elle disparut avec les pèlerins, en lui jetant ces mots pour adieu :

— Souviens-toi, quand tu seras malheureuse, de la religion de notre mère!

Quelques instants après, le trompette re-

vint tout joyeux, précédant le cortége de
M. de La Noue. Mais ce fut en vain qu'il
chercha mademoiselle du Liskoët à la place
où il l'avait laissée.

Il l'a crut retournée sans lui au château,
et il pressa le pas pour la rejoindre, en se
reprochant sa négligence.

Toutefois, ni lui ni personne ne trouva
Aliénor à Rustéfan, — et en voici la raison.

Surprise par l'approche soudaine de son
fiancé, oubliant tout pour ne pas se trouver
sur son passage, mademoiselle du Liskoët
s'était réfugiée dans l'église!...

Un saisissement profond l'avait d'abord
arrêtée à l'entrée de la nef, en voyant le
prêtre lever l'hostie sur la multitude inclinée.
Elle avait senti qu'elle franchissait l'abîme
creusé par la volonté de son père, et le remords autant que l'effroi, lui avait dit : ne

va pas plus loin ! Mais d'une part, elle avait entendu le bruit de l'escorte de La Noue ébranler en passant l'écho du porche; de l'autre, un rayon de soleil lui avait montré, comme un signe d'en haut, le tombeau de sa mère dans une petite chapelle latérale; — Aliénor ne pouvait plus hésiter, elle avait couru au tombeau de sa mère.

C'était une simple pierre de granit du pays, debout et en saillie contre la muraille, avec une inscription non moins simple, et une marche pour s'agenouiller.

Au frottement qui avait entamé cette marche, et aux fleurs qui remplissaient deux urnes de terre, Aliénor comprit que, plus heureux qu'elle-même, les habitants du pays rendaient toujours hommage à leur châtelaine. Elle reconnut la dernière offrande de Blanche dans un bouquet de myosotis, humide encore de rosée, ou peut-être de larmes; et s'agenouillant à son tour sur la pierre bénite, elle pria et pleura... pour tout le temps qu'elle n'avait pu le faire.

Oh! qu'elles furent tendres et brûlantes, ces prières et ces larmes filiales! Que d'intimes et tristes secrets s'épanchèrent sur cette tombe, première confidente de la jeune fille! Et quelle douce voix lui eût répondu à travers la pierre, si Dieu permettait aux morts de parler aux vivants!

Il y avait près d'une heure qu'Aliénor oubliait le monde entier dans cette extase, lorsqu'elle entendit un pas léger derrière elle, et se retourna effrayée vers la nef...

Elle vit la fête terminée, les cierges éteints, l'autel solitaire, la petite église vide, et elle se trouva seule avec messire Alain.

La première idée du recteur, après avoir remercié Dieu avec ses paroissiens, avait été de s'informer de mademoiselle du Liskoët. Le sacristain Favennek lui avait conté tout ce qui se passait au château, et M. Kérihuel, alarmé, se disposait à y courir, lorsque Toussaint, qui avait vu entrer Aliénor, la lui avait montrée dans la chapelle. Aussitôt le pasteur avait levé les mains au ciel avec une expression de reconnaissance impossible à rendre, et, ordonnant à Toussaint de fermer l'église, il s'était approché lentement du tombeau de la baronne.

— Priez, mon enfant!... dit-il à mademoiselle du Liskoët, en la considérant avec bonté; priez, car le Seigneur vous écoute! C'est lui qui m'a fait revenir près de vous, quand il en est temps encore. C'est lui qui nous réunit en ce moment devant ce tombeau, pour remplir le dernier vœu de celle qu'il renferme.

— Le dernier vœu de ma mère! s'écria la jeune fille étonnée; que voulez-vous dire?

Le recteur se rapprocha d'elle, lui prit doucement la main, et s'assurant par un regard qu'ils étaient seuls :

— J'ai à vous parler de la part de madame la baronne de Rustéfan! dit-il d'une voix solennelle.

— Je sais que vous étiez son meilleur ami, son chapelain et son confesseur, répondit Aliénor en essuyant ses larmes; mais sortons de ce lieu, messire, car en y restant je désobéis à mon père...

— Vous obéissez à Dieu, qui veut que vous m'entendiez ici, mademoiselle! — Je connais toute votre vie et toute votre destinée, reprit le digne prêtre, quoique je ne vous aie point revue depuis...

— Depuis le temps où je vous appelais « bon père... » je n'ai point oublié ce temps-là, monsieur Kérihuel.

— Eh bien, appelez-moi encore ainsi; cela

réjouira l'ombre sainte qui nous entend.

— Parlez, bon père, dit Aliénor en serrant la main du recteur; parlez, car je vous écoute.

M. Kérihuel invoqua du regard le crucifix de l'autel et la pierre de la tombe, et, tandis qu'un rayon vermeil descendait sur sa tête blanche à travers les vitraux de la chapelle, il s'exprima ainsi :

— Il y aura vingt ans de cela après-demain, mon enfant.

— Après-demain !... c'était donc le jour de ma naissance?

— C'était le jour de votre naissance, ou plutôt c'était la nuit, et une nuit profonde et terrible, entrecoupée d'éclairs et de coups de foudre! J'avais fait cinq lieues dans la journée pour administrer trois mourants, de sorte que le bruit du tonnerre n'avait pu m'empêcher de dormir. Sur les deux heures après minuit, on frappa vivement à ma porte; c'était une chambrière de la baronne qui m'appelait auprès de sa maîtresse.

— Prenez l'étole et l'huile sainte, me dit-elle, et suivez-moi, messire!...

— Je la suivis jusqu'au château, et je fus introduit secrètement près de votre mère. Elle venait de vous mettre au monde; vous étiez dans un berceau, près de son lit, et la chambrière seule se trouvait avec nous. Madame du Liskoët, qui semblait mourante, revint à la vie en m'apercevant. Elle leva ses mains reconnaissantes vers le crucifix, et pressant les miennes avec un regard que je vois encore :

— Mon père, me dit-elle, ouvrez le ciel à cet enfant!

—Alors je mis mon étole, et je récitai le symbole de la foi. La baronne y répondit de sa voix éteinte; la chambrière vous prit dans ses bras, et je répandis sur vous l'eau pure, le sel de la sagesse, et l'huile consacrée.

Cette révélation fit pâlir Aliénor de surprise, de terreur et de joie.

— Grand Dieu! s'écria-t-elle en regardant le pasteur, j'ai donc été catholique?

— Vous l'êtes encore par le baptême, mon enfant; car le ministre réformé, qui vous baptisa le lendemain, ne put détruire l'œuvre du Seigneur, ni refermer sur vous la porte des cieux!... — Cependant le baron vous fit élever dans la religion calviniste..., et un homme de cette religion vous fut destiné pour mari... Vous voyez que je sais tout, mademoiselle; je sais aussi, hélas! que ce dernier coup tua madame du Liskoët!

Ici le pasteur tira des papiers de sa robe,

pendant que le drame de la Bonnetière revenait à l'esprit d'Aliénor.

— Voici, continua messire Alain, la lettre que votre mère m'écrivit en mourant. Elle me fut apportée, dix jours après, par Mikel Favennek, qui depuis... mais alors il marchait dans la voie du Seigneur !

Le prêtre remit un des papiers à la jeune fille, qui le parcourut à travers ses larmes. C'était une lettre adressée au pasteur.

Dans cette confession suprême, la baronne racontait à M. Kérihuel l'histoire de sa fille, sauf l'épisode du Pillaouer ; elle lui confiait Aliénor, en lui rappelant le pieux mystère dont il aurait à l'instruire un jour, et elle le chargeait de lui présenter, avant son mariage, une lettre enfermée dans celle qu'il recevait lui-même.

— Cette lettre, la voilà ! dit messire Alain, en la donnant à la jeune fille. Pendant bien des années, attendant votre retour à Pont-Aven, m'informant de vous à tout ce qui pouvait savoir de vos nouvelles, j'ai demandé chaque jour à cette tombe s'il fallait abandonner mon troupeau pour aller vous chercher à travers la Bretagne. Je me suis vu enlever par les Anglais au moment où votre père vous renvoyait en Cornouaille, et j'allais peut-être désespérer de la Providence, lorsqu'elle me ramène à vous sur le bord de l'abîme... Je vous le répète, mon enfant, le doigt de Dieu est là! — Oui, s'il a brisé mes fers chez les étrangers, s'il m'a rendu à mon pays et à ma famille, s'il m'a fait arriver ici le même jour que votre fiancé, s'il vous a conduite à moi quand j'allais courir à vous, c'est que Dieu veut vous sauver, mon enfant, c'est que votre salut est dans cette lettre!

Ces mots n'étaient pas achevés, qu'Aliénor avait brisé le cachet noir et lisait, avec une ineffable émotion, les lignes qui suivent, — dernière et souveraine expression de la tendresse de sa mère, suprême et tremblant effort de sa main défaillante :

« Ma chère enfant,

« C'est du fond de la tombe, ou plutôt
« c'est du haut des cieux que je vais vous
« parler. Écoutez donc ma voix avec tout le
« recueillement que vous devez à celle de
« Dieu même ! »

Un sanglot vint étouffer les soupirs de la jeune fille. Elle s'agenouilla sur la marche de pierre, embrassa avec effusion le tombeau maternel, et poursuivit à travers un torrent de larmes :

« Mon confesseur et mon ami vous a ra-
« conté votre histoire et la mienne. Vous sa-
« vez quelle douleur a consumé ma vie dans
« ce monde ; je vais vous dire quelle conso-

« lation peut assurer mon repos dans l'autre.
« Ignorant que vous avez été baptisée par un
« prêtre, votre père vous a élevée dans sa
« religion et vous a fiancée à un calviniste.
« Le jour approche peut-être où ce mariage
« va vous rattacher pour jamais à l'hérésie.
« Mais figure-toi, mon Aliénor, que tu es
« encore sur mes genoux, dans mes bras,
« contre mon sein, sous mes caresses et sous
« mes baisers, sous mes pleurs et sous mon
« sourire ; figure-toi qu'enfermées seules,
« toutes les deux, dans notre chambre de la
« Bonnetière, au-dessous du crucifix gardien
« de ta couche et de la mienne, je te répète
« tout bas ces grandes et belles choses de ma
« religion et de ma foi, ces sublimes et char-
« mantes merveilles que ma mère avait ap-
« prises à mon cœur, et mon confesseur à ma
« conscience ; figure-toi tout cela, mon Alié-
« nor, et dis-moi si tu as oublié ces enseigne-

« ments de ta mère !... N'est-ce pas que tu
« te souviens toujours de ces doux entretiens,
« de ces heures chéries et de ces bonheurs
« mystérieux ? N'est-ce pas que tu te sou-
« viens encore de nos promenades à l'église
« du village, quand tu étais toute petite; de
« tes pleurs pour y retourner avec moi, quand
« M. du Liskoët t'en interdit l'entrée ; de tes
« jalousies, qui me faisaient tant de joie,
« quand ta cousine seule m'accompagnait à
« la messe ? N'est-ce pas que tu te souviens
« encore des aumônes que je donnais par tes
« mains à nos mendiants bretons, et des
« prières secrètes que je leur demandais pour
« toi, et de mon pèlerinage à Notre-Dame du
« Salut quelques semaines avant tes fiançail-
« les, et des images de saints et de saintes si
« souvent présentes à tes yeux dans mon livre
« d'heures, et de la petite prière où tu les invo-
« quais mystérieusement avec moi tous les

« soirs, et de ton saisissement lorsque le curé
« de Beauvoir m'apporta le saint viatique, et
« de tes cris et de tes sanglots pour me suivre
« au ciel, lorsque je te dis que j'allais y monter,
« et de tes deux petites mains qui s'atta-
« chaient à ma croix d'or, lorsque mon der-
« nier geste la remit au kloarek de Pont-
« Aven?... »

Ici mademoiselle du Liskoët s'arrêta, suffoquée tout à fait; le message du tombeau faillit échapper à ses doigts, et, presque aussi ému qu'elle-même, le recteur fut obligé de la soutenir...

— Voici ce legs suprême de votre mère, dit-il à la jeune fille; voici cet autre gage de réconciliation et de salut, cette croix bénite par le dernier soupir d'une sainte!...

Mademoiselle du Liskoët reçut à genoux le présent sacré, et ses lèvres tremblantes pressèrent l'emblème de la foi catholique.

Puis, s'inclinant de nouveau sur la lettre de la baronne, elle en acheva la lecture avec une émotion plus douce.

« Eh bien, ma chère enfant, si tu te sou-
« viens encore de toutes ces choses, si tu
« tiens toujours à me rejoindre près de Dieu,
« au lieu de me perdre dans le ciel comme
« tu m'as perdue sur la terre, écoute, ô mon
« Aliénor, la prière de la tombe et l'aver-
« tissement d'en haut. Ce qui a été fait mal-
« gré moi et sans toi n'est pas irrévocable.
« Tu étais catholique lorsqu'on t'a crue pro-
« testante; et ton âge t'a dispensée du ser-
« ment des fiançailles... Aujourd'hui que tu
« as la plénitude de ta raison et la liberté
« de ton choix, si le mari qu'on te destine
« est encore dans l'hérésie, et si tu ne peux
« l'épouser sans renoncer à la foi dont le
« sceau fut mis sur tes lèvres naissantes; en
« un mot, si cette foi elle-même n'a pas en-

« tièrement fait place dans ton âme aux er-
« reurs qui te sépareraient pour jamais de
« ta mère, accorde toute ta confiance à
« l'homme de Dieu qui eut toute la mienne,
« et de qui tu recevras ce message de ma
« part. Il te donnera le seul conseil qui
« puisse réjouir mes os dans la terre ; il te
« remettra sur la route du ciel, d'où je
« tends les bras à mon enfant !...

« Ta mère qui te bénit, qui t'appelle et
« qui veille sur toi.

« Marie-Havoise de Tré-Anna. »

Il serait difficile de peindre le trouble, ou
plutôt le bouleversement, où cette lecture
laissa mademoiselle du Liskoët... C'était l'é-
clair libérateur au bord de l'abîme, mais
c'était l'ombre terrible qui lui succède ; c'é-
tait le phare qui indique l'écueil au marin,
mais qui ne surgit qu'au milieu de la tem-

pête! Aussi la joie et la douleur, la crainte et l'espérance, le repentir et le remords se partageaient le cœur de la jeune fille. Envisageant tour à tour le terrible fantôme de son père, l'ombre souriante de la baronne et la figure inspirée du recteur; flottante et ballottée entre les pieuses visions de son enfance et le culte sévère adopté par sa jeunesse, elle voulait céder à l'appel de la châtelaine, et obéir aux volontés du baron; tenir les serments faits pour elle, et ne pas épouser M. de La Noue; se sauver en un mot, mais sans perdre les autres.

— Pardon, ma mère! dit-elle enfin, les deux bras étendus vers la tombe; mon père, ayez pitié de moi! ajouta-t-elle en se retournant vers le pasteur : car on a défait l'œuvre de vos mains... car je suis protestante!...

— Je le sais, mon enfant, répondit messiré Alain, dissimulant son trouble et relevant la jeune fille. Mais, quelque profond que soit l'abîme où vous êtes plongée, votre innocence et votre bonne foi, la grâce et la miséricorde divines, les prières de votre mère surtout peuvent vous en retirer encore...

— Parlez donc, messire, et conseillez-moi... On m'attend au château pour m'unir à M. de La Noue. On va me chercher partout, et jusqu'ici peut-être!... Je m'abandonne à vous. Que faut-il faire?

— Mademoiselle, dit le recteur avec gravité, répondez-moi, la main sur la conscience, devant la face du Seigneur et les os de votre mère... L'appel que vous venez d'entendre a-t-il touché votre cœur?...

Les pleurs d'Aliénor étant assez éloquents, le pasteur continua :

— Voulez-vous renoncer au mariage qui scellerait sur vous la pierre de l'hérésie, comme ce granit est scellé sur ce tombeau?

— Je le veux, messire! dit Aliénor.

—Voulez-vous enfin me confier votre âme, selon le vœu de la baronne, et prêter une oreille docile à mes instructions?

— Oui, mon père...

— Eh bien, il faut agir franchement, reprit le vieillard après un silence; il faut aller droit à votre père, et lui dire que ce mariage est impossible.

— Lutter avec mon père! s'écria la jeune fille effrayée. Vous ne le connaissez pas, messire...

— Je le connais... Dieu a déjà fait un miracle pour vous, il en fera un second, mon enfant... Demandez à M. du Liskoët un délai de quelques jours, et revenez me voir demain. Le ciel nous enverra ses inspirations ou ses secours...

La confiance qui respirait dans les paroles

du vieillard passa dans l'âme de la jeune fille : elle se sentit le courage d'aborder son père!... Elle baisa une seconde fois la croix maternelle, la serra dans son sein avec la lettre, s'agenouilla de nouveau sur la tombe, et quitta M. Kérihuel.

En franchissant la porte de l'église, elle rencontra Iwen-Vraz.

Le trompette la cherchait toujours, et il ne put la voir sortir du saint lieu sans pousser un cri de joie.

— *Te Deum laudamus! te Dominum confitemur!* dit-il en croisant ses bras sur sa poitrine. Mes vœux ont été entendus d'en haut; voilà encore une âme sauvée par moi!

Aliénor lui fit signe de garder le silence; il répondit par un geste protecteur, et tous deux s'acheminèrent vers le château.

XII

LE PÈRE ET LA FILLE.

Depuis l'arrivée de M. de La Noue, Rustéfan était déjà en fête... La troupe nombreuse du jeune capitaine, répandue dans les salles, dans les cours et dans les avenues, offrait le tableau le plus imposant et le plus animé. Le baron avait annoncé solennellement que le mariage serait célébré le lendemain. Le docteur Salomon, que cette circonstance relevait aux yeux de tous, avait reçu les instructions du maître, et s'occupait avec la gouvernante à disposer la salle froide et nue décorée du nom de prêche.

Aliénor rentra par cette salle, et la première voix qu'elle entendit fut la voix langoureuse du ministre.

— *O fortunatos nimium!* soupirait Favennek, mêlant dans le délire de sa passion les textes profanes aux textes sacrés ; trois fois heureux l'homme et la femme qui remplissent la loi du Seigneur, en s'unissant à l'exemple du Christ et de son Église, et en se couronnant d'une famille nombreuse, comme Abraham et Sara!

Mademoiselle du Liskoët traversa rapidement le prêche, non sans frémir à l'aspect des apprêts de son sacrifice; et, dépêchant la dame de Koatkatar à son père, elle le pria de la recevoir en particulier.

Le baron, qui était avec La Noue et ses gentilshommes au premier étage du manoir, leur donna rendez-vous, pour dîner, dans la salle basse, et reçut Aliénor avec la plus grande sévérité.

— Corps de Christ! mademoiselle, lui dit-il, j'ai cru que vous suiviez votre cousine jusqu'au prieuré de Lok-Maria! Comment Iwen-Vraz vous a-t-il perdue de vue, et que faisiez-vous à Pont-Aven quand on vous attendait ici?

La jeune fille se rappela le conseil du recteur, et, réunissant toutes les forces de son âme :

— Monsieur mon père, répondit-elle avec douceur, mais avec fermeté, je priais sur le tombeau de ma mère!

Ce souvenir inattendu fit pâlir le vieillard;

mais presque aussitôt sa figure redevint pourpre, et il s'écria :

— Vous êtes donc entrée dans l'église?

— Pardonnez-moi, mon père, dit Aliénor; j'étais la seule ici qui n'eusse pas rendu mes devoirs à celle que nous pleurons, et j'ai voulu la consulter sur l'union qui doit décider de ma vie....

— La consulter ! répéta le vieillard, dont ce mot changea la colère en défiance. Expliquez-vous, mademoiselle, ajouta-t-il, les yeux fixés sur ceux d'Aliénor; il est temps de vous présenter à M. de La Noue.

— M. de La Noue peut attendre, repartit la jeune fille avec effort; car ma mère m'a dit, du fond de sa tombe, que ce mariage était...

Elle s'interrompit, n'osant dire impossible.

— Que ce mariage... ferait mon malheur ! reprit-elle d'une voix affaiblie.

Et cette voix se fût éteinte tout à fait, si le regard de mademoiselle de Liskoët eût rencontré celui du baron.

Jamais, peut-être, le vieillard n'avait été plus farouche et plus terrible. Tout ce corps, épuisé par la douleur, sembla retrouver sa force dans le tressaillement qui l'ébranla. Il marcha vers Aliénor sans s'appuyer sur sa canne, ce qu'il n'avait pas fait depuis un an, et, d'un ton qui jeta la jeune fille à genoux comme un coup de tonnerre :

— Corps de Christ ! s'écria-t-il, répétez ceci, mademoiselle, car, sans doute, je n'ai pas bien entendu !

— Ayez pitié de moi, mon père ! dit Aliénor en se traînant à ses pieds. Ce mariage me tuera ! ne me faites pas mourir !

— Mourir !... Vous aussi !... murmura le baron, qui se souvint de Blanche. — Relevez-vous, Norik, poursuivit-il en cherchant à se calmer. Asseyez-vous là... et parlez raisonnablement.

— Oh ! vous ne comprendriez pas ce qui se passe dans mon âme... Vous ne croiriez pas à mon supplice... et je ne puis vous dire...

— Quoi ?... s'écria Liskoët, frappé d'un soupçon fatal ; qu'est-il arrivé? demanda-t-il impérieusement. Qu'avez-vous fait ?... Qui vous a mise en cet état?... Je veux tout savoir !...

— C'est impossible ! balbutia la jeune fille.

— Il y a donc quelque chose ?... J'en étais sûr ! reprit Liskoët avec explosion. Parlez, mademoiselle ! je le veux, je l'ordonne !

— Non ! non ! dit Aliénor épouvantée.

Puis, se jetant suppliante dans les bras du vieillard :

— Mon père ! mon père ! répéta-t-elle d'une voix irrésistible, accordez-moi seulement un répit de quelques jours ! Vous ne me refuserez pas cela, monseigneur ! Je vous en conjure au nom de mon amour, au nom de la terre et du ciel, au nom de la mémoire...

— Norik, interrompit le vieillard, ému malgré lui, dites-moi ce qui s'est passé... ou suivez-moi près de votre mari !

— Mon mari ?... Jamais ! s'écria mademoiselle du Liskoët.

— Mort-Dieu ! toutes les femmes sont folles ! dit le baron, avec une sorte de mépris et de rage, en ébranlant le parquet sous le fer de sa canne.

— Descendons, mademoiselle ! reprit-il.

Et il se leva, tout frémissant, pour sortir de la salle.

Mais l'énergie désespérée d'Aliénor s'étant résolue dans un torrent de larmes, il vit qu'elle était hors d'état de le suivre, et la saisissant impitoyablement par le bras :

— Vous parlerez, alors, Corps de Christ! lui dit-il; vous parlerez, ou je vous fais emporter d'ici!

Aliénor retomba à ses pieds en répétant :

— Pas aujourd'hui! pas aujourd'hui, mon père!...

Mais, dans le mouvement qu'elle faisait pour embrasser les genoux du baron, la lettre et la croix, déjà repoussées par les battements de la poitrine, s'échappèrent de son corsage et roulèrent sur le parquet.

— Qu'est cela? dit Liskoët, qui les aperçut le premier, et qui les releva par un geste rapide.

— O ma mère! ma mère! venez à mon secours! s'écria la jeune fille, les deux mains levées vers le ciel.

Le châtelain reconnut en pâlissant la croix de la baronne et sa signature au bas de la lettre. Quant à la lettre elle-même, comme il se faisait honneur de ne pas savoir lire, il lui était impossible d'en prendre connaissance ; et il allait, dans son impatience, appeler maître Salomon, lorsque Aliénor, se relevant avec vivacité :

— Ah ! mon père ! dit-elle... plutôt mon sacrifice entier que cette profanation !...

Et elle lut elle-même, d'un bout à l'autre, la message de sa mère.

Aux premières lignes, le souvenir de Marie-Havoise arracha une larme à Liskoët ; mais quand il entendit ces mots : « Vous avez été baptisée par un prêtre !... Tu n'as pas oublié les enseignements de ta mère... Tu étais catholique lorsqu'on t'a crue protestante... Ce qui a été fait malgré moi et sans toi n'est pas irrévocable !... Accorde toute ta confiance à l'homme de Dieu, qui eut toute la mienne... C'est lui qui te remettra sur la route du ciel... » alors la fureur du vieillard ne connut plus de bornes, et s'éleva jusqu'au paroxysme le plus effrayant...

— Baptisé par un prêtre!... répéta-t-il en piétinant à travers la salle... J'étais donc trompé comme un enfant!... On se jouait de moi et de mes volontés! Corps de Christ. Et c'est messire Alain qui a fait tout cela; j'aurais dû m'en douter!... C'est lui que vous venez de voir, mademoiselle?... C'est lui qui vous a mis ces belles choses en tête... Vous lui avez sans doute promis d'aller à la messe!... Jour de Dieu!... reprit-il en frappant à coups redoublés sur le parquet... cet homme du diable mourra plutôt de ma main! — Holà!... quelqu'un!... cria-t-il en frappant avec une nouvelle force...

Et ne se possédant plus, la figure enflammée, appelant ses écuyers et ses hommes d'armes, cherchant son épée d'une main frémissante, il allait repousser violemment sa fille éperdue... lorsque Olarius parut à la porte de la salle...

L'effet d'une douche sur un homme en délire n'eût pas été plus efficace et plus soudain.

A la vue de cette victime de ses emportements, sauvée par son repentir, Liskoët s'arrêta pétrifié... Sa parole expira sur ses lèvres, comme la vague à qui Dieu dit : — Tu n'iras pas plus loin. Son bras foudroyant, levé sur Aliénor, s'abaissa en pressant celle-ci contre sa poitrine. Sa main glissa sur son front comme pour en chasser un nuage, et il retomba dans son fauteuil en murmurant :

— Que voulez-vous, Olarius ?

— Mont sir ne m'afre-t-il pas temanté ? dit le Lansquenet surpris.

— Non ! répliqua Liskoët... Et il ajouta avec un reste de colère : — Allez-vous-en.

— Vous voyez que je suis indulgent, Norik, reprit-il d'une voix éteinte, tandis que tous ses membres tremblaient encore de la commotion qu'il venait de recevoir. Je pardonne à messire Alain sa trahison; mais s'il a le malheur de vous revoir et de vous écrire! si ce mariage, dont il a eu l'audace de vous détourner, n'a pas lieu dès demain! Corps de Christ! il saura quel air on respire dans mon donjon!

— Vous l'enfermeriez, monseigneur!... le confesseur et l'ami de ma mère!

— Votre ennemi mortel, ma fille, après ce qu'il a fait ce matin!

— Détrompez-vous donc, mon père!... reprit Aliénor, empressée de justifier le recteur. Si M. Kérihuel m'a inspiré le courage de la franchise en remplissant une mission sacrée, ce n'est point lui qui a mis dans mon cœur cet éloignement pour M. de

La Noue... Ceci, poursuivit-elle solennellement, est un secret que Dieu seul a lu jusqu'ici dans mon âme, mais qu'il est temps de vous révéler, je le vois, pour vous montrer que s'il y a un coupable.... c'est moi seule, monseigneur !...

— Encore quelque folie?... dit le vieillard en haussant les épaules.

— Appelez cela comme vous voudrez, mon père, répondit Aliénor avec une émotion profonde, je n'en serai pas moins malheureuse si vous n'avez compassion de moi. Je ne puis épouser M. de La Noue... parce que j'en aime un autre!...

— Un autre ! s'écria Liskoët en se relevant de son fauteuil.

Et la jeune fille crut que toute sa colère allait se rallumer, lorsqu'un éclat de rire vint lui briser le cœur.

— Allons nous mettre à table, mon enfant, reprit le baron, qui lui tendit sa main rude et couverte de cicatrices.

Le contact du fer ne serait pas plus cruel pour la sensitive. Aliénor recula jusqu'auprès de sa chaise, où elle tomba frissonnante et repliée sur elle-même.

— Qu'avez-vous, Norik? dit le baron, est-ce que vous vous trouvez mal?

— Je me sens mourir, mon père! soupira la jeune fille.

— Allons donc! reprit Liskoët... Cela se passera en dînant. Venez vite, ma chère...; M. de La Noue trouverait étrange...

— M. de La Noue est un loyal gentilhomme! s'écria Aliénor avec force.... Il n'épousera pas une femme qui n'a aucun amour pour lui!...

— Baste!... repartit le vieillard, il s'agit bien d'amour!...

Et il voulut entraîner décidément la jeune

fille; mais elle se rejeta défaillante à son cou, en répétant d'une voix étouffée par les sanglots :

— Un seul jour, de grâce, mon père ! un seul jour, par pitié ! Je l'emploierai à demander à Dieu le courage de l'obéissance et de la résignation ... à chasser de mon cœur ce fatal et déplorable amour ! Hélas ! poursuivit-elle, il est insensé, en effet, monseigneur, car celui qui me l'a inspiré n'existe plus sans doute ! mais c'est sa mort même qui m'a révélé la profondeur de ma blessure !... O mon père !... ne souriez pas d'un chagrin qui tue !... Souvenez-vous que ma mère est morte de douleur ! Donnez-moi le temps d'oublier ce malheureux que j'aimais sans espoir ; qui, même avant sa mort, était séparé de moi par un abîme ! et dont je n'aurais jamais prononcé le nom, je vous le jure, si je n'en eusse été séparée par l'éternité !...

— Corps de Christ! qui est donc cet homme? demanda Liskoët avec une curiosité mêlée d'impatience.

Et, s'accrochant, dans son désespoir, à tout ce qui pouvait retarder son sacrifice, Aliénor allait laisser échapper un mot qui n'eût pas manqué de rallumer la colère du baron... lorsque l'aboiement d'un chien sous les fenêtres du château la fit tressaillir des pieds à la tête.

Avec cette finesse de perception dont l'amour seul a le privilége, mademoiselle du Liskoët avait reconnu la voix du fidèle gardien de Lestialla, et elle aperçut en même temps le sombre animal bondissant à travers les arbres de l'avenue.

Presque aussitôt la figure triomphante d'un écuyer parut à la porte de la salle.

— Monseigneur, dit ce nouveau messager, M. de Lestialla n'est pas mort! Il vient d'entrer au château, et fait annoncer sa présence à M. le baron...

L'effet de cette nouvelle fut si étourdissant pour le père et la fille, que l'un et l'autre oublièrent absolument tout ce qu'ils venaient de se dire.

Le cri de surprise qui s'échappa de la bouche du vieillard fut un cri de joie folle sur les lèvres d'Aliénor. Mais, ce premier mouvement passé, elle devint plus pâle que si on lui eût annoncé sa dernière heure.

C'est qu'en effet le salut de Lestialla était la perte de mademoiselle du Liskoët. Aimer le Ligueur quand il n'existait plus eût été sans doute une grande faute; mais l'aimer vivant et présent au château était un crime dont l'aveu même devenait impossible !...

Aussi, la malheureuse sentit toutes ses espérances mourir, plutôt encore qu'elle ne les avait senties renaître; et elle se félicita de voir son père interroger l'écuyer, sans songer aux terribles questions qu'il lui avait adressées à elle-même.

— Un autre personnage demande aussi à parler à monseigneur, reprit l'homme d'armes à demi-voix. C'est un pauvre vieillard monté sur un cheval étique, et accompagné d'un garçon déguenillé.

— Merlin le Pillaouer ! s'écria le baron, qui reconnut, à ce portrait, son créancier de la Bonnetière. Exact comme la mort ! ajouta-t-il d'une voix sourde. Je devais m'y attendre... et je m'y attendais !...

— Dites au seigneur de Lestialla qu'il est le bien venu, que je cours à sa rencontre. — Quant au Pillaouer, ajouta Liskoët en jetant un coup d'œil à sa fille, qu'il soit ici demain à dix heures, nous serons prêts à le recevoir ; il saura ce que cela veut dire !...

Pendant que l'écuyer s'éloignait, le châtelain prit dans un bahut des papiers, qu'il jeta sur les genoux d'Aliénor.

Réveillée en sursaut de la sombre extase où elle était plongée, la jeune fille leva un œil égaré sur son père.

— Lisez cela! dit le baron, et voyez ce que vous avez à faire, mademoiselle.

Aliénor avait bien un vague souvenir de l'usurier bas-breton; cette figure diabolique et grimaçante tenait bien un petit coin, dans sa mémoire, à côté des imposantes figures du Roi et du capitaine La Noue; mais elle n'avait jamais su spécialement sous quelle forme et à quelles conditions étranges elle était fiancée à messire Odet; — tant il lui suffisait, hélas! de savoir qu'elle l'était irrévocablement, et tant son père lui avait caché sa position vis-à-vis de Merlin le Pillaouer, comme on cacherait une plaie honteuse jusqu'au jour de sa guérison!

Elle parcourut donc le contrat de la Bonnetière avec un étonnement qui devint bientôt de l'épouvante... Et, quand elle vit l'indissoluble nœud formé entre elle et M. de La Noue ; quand elle vit la parole d'un roi et de deux gentilhommes, la signature et le serment de sa mère engagés sur sa propre main ; quand elle vit l'alternative où était son père de la marier dans vingt-quatre heures ou de rembourser au Pillaouer la somme considérable qu'il lui devait, elle se tourna, pâle et tremblante, vers le châtelain, et lui demanda d'une voix soumise :

— Mon mariage peut-il seul acquitter cette dette, monseigneur ?

— Votre mariage, mademoiselle, ou la saisie de mes biens ! répliqua Liskoët avec majesté ; c'est-à-dire votre ruine (car je me soucie peu de la mienne) et mon déshonneur, qui sera le signal de ma mort !

— De votre mort ! grand Dieu !...

— Oui, ma fille !... Le jour où l'on pourra dire : Le plus grand roi et le plus honnête homme du monde avaient garanti la parole du baron de Rustéfan, et le baron de Rustéfan a manqué à cette parole ! ce jour-là, je n'aurai plus qu'à me cacher dans la tombe ! Or, l'homme qui dispose de ma vie sera ici demain matin : prononcez entre lui et moi, mademoiselle, et souvenez-vous que vous vous appelez ALIÉNOR !...

Ces simples mots furent plus puissants et plus décisifs que toutes les menaces et tous les emportements du baron.

— Commandez, mon père, dit la jeune fille au vieillard, en lui donnant la main, votre fille est prête à vous obéir !

Liskoët embrassa Aliénor, sans s'apercevoir que la parole expirait sur ses lèvres avec les mots qu'elle venait de prononcer, et que sa main serrait la croix de la baronne contre son cœur, comme avait fait la baronne elle-même, quelques instants avant de mourir!...

Dix minutes après, mademoiselle du Lis-koët était à table, entre messire Odet de La Noue et le seigneur de Lestialla.

La Noue, qui était devenu ce qu'on appelait alors un puritain, ne fut pas médiocrement étonné de la présence du Ligueur. Mais le châtelain lui ayant confié les vues qu'il attribuait à Lestialla sur sa nièce, le fiancé ne put avoir de soupçons sur les véritables intentions de son rival.

Quant à la tristesse de mademoiselle du Lis-koët, La Noue n'y trouva qu'une conséquence naturelle du départ de sa cousine, départ d'autant plus fâcheux, suivant les idées du baron, que le retour de Lestialla n'eût pas manqué de retenir Blanche au château.

D'ailleurs La Noue lui-même était trop

heureux de revoir Aliénor, pour remarquer une foule de choses qui l'eussent frappé dans toute autre circonstance. Enfin les graves préoccupations qui venaient à la traverse de l'amour, dans cet esprit méthodique et scrupuleux, ne lui permettaient que de baiser, ce jour-là, la main de mademoiselle du Liskoët, comme il avait dit dans sa lettre ; de l'épouser le lendemain par-devant maître Salomon, et de repartir le jour suivant pour le service du Roi.

Après avoir raconté à sa guise comment il était revenu de la mort à la vie, Lestialla interrogea Aliénor assez adroitement pour lire jusque dans son silence tout ce qui se passait au fond de son âme.

Il lui restait seulement à connaître la nature et la force du sentiment qu'il inspirait à la jeune fille ; c'est ce qu'il résolut de savoir à tout prix, et ce jour-là même !

Il se pencha donc à l'oreille d'Aliénor en se levant de table, et lui dit mystérieusement :

— A ce soir, mademoiselle!...

Quoique la fiancée de La Noue ne comprît pas toute la portée de ces mots, elle en demeura pâle et rêveuse durant la cérémonie qui fit suite au dîner.

Cette cérémonie n'était autre que l'affranchissement solennel de Lestialla, — que le baron déclara libre devant Dieu et devant les hommes, en lui donnant publiquement l'accolade, suivant les us de la vieille chevalerie.

Le premier mouvement du Ligueur avait été de se refuser à cet élargissement définitif, pour se ménager contre la bourse du Pillaouer le recours dont il l'avait déjà menacé; mais il s'était aperçu que l'austère baron tenait à s'acquitter envers lui sans plus de retard, et lui-même pouvait avoir à reprendre dès le lendemain ses droits sur cette liberté plénière, qui ne lui avait été rendue qu'en fait et par provision.

Le premier usage qu'il en fit fut de joindre à Pont-Aven, chez la vieille Danielle Favennek, les douze kéméner qui venaient d'y arriver. Il resta avec eux jusqu'à la nuit tombante, leur donna toutes ses instructions pour le grand pardon du lendemain, et revint au château lorsque chacun se disposait à se coucher.

Une heure après, il s'élançait sur le balcon de pierre, au risque de se briser les os, et il entrait dans la chambre d'Aliénor, en détachant un des vitraux de la croisée...

XIII

UNE ALERTE.

La chambre d'Aliénor était celle qu'avait occupée autrefois la baronne, dont le religieux souvenir la remplissait encore.

Les murs blanchis à la chaux, sans tapisseries et sans portières, étaient garnis d'objets de piété, comme ceux d'une église. Le lit, élevé au fond de la pièce, ressemblait à un autel entouré de vieilles guipures ; et la chaire en bois qu'avait souvent occupée messire Alain ajoutait encore à cette illusion.

L'ameublement se composait de quatre fauteuils en chêne sculpté, recouverts de velours jaune ; d'un buffet à panneaux coloriés, portant quelques vases de parade, en porcelaine ou en faïence, incrustés d'émaux ; d'un prie-Dieu tendu de simple serge à franges de laine, au-dessus duquel un grand crucifix, masqué par le baron, ne disparaissait qu'à demi derrière un rideau de mousseline ; et d'un énorme bahut en bois noir artistement ciselé, dont le couvercle était orné de plusieurs livres de l'époque, à coins et à fermoirs de cuivre ou d'argent.

Le titre de ces livres eût suffi pour indiquer l'instruction et les travaux, les pensées et les rêves de mademoiselle du Liskoët.

C'étaient d'abord la Bible et l'Évangile, sujet des méditations quotidiennes de la jeune fille. Puis *les Singuliers et Nouveaux Pourtraits du seigneur Féderik Vinciolo, Vénitien, pour toutes sortes d'ouvrages de Lingerie; derechef et pour la troisième fois augmentés, outre le Réseau Premier et le Point Coupé et Lacis, de plusieurs beaux et différents pourtraits de Réseaux de Point Compté, avec le nombre de mailles, chose non encore vue ny inventée. — Dédié à la Reyne Douairière de France, Catherine de Médicis.* Enfin quelques romans de chevalerie timidement mêlés à ces pieux et utiles ouvrages, mais dont les feuillets chargés de signets de rubans indiquaient que la tendre demoiselle négligeait fort, depuis plusieurs jours, les points coupés du seigneur Vinciolo.

Au reste, lorsque le Ligueur pénétra dans la chambre, Aliénor avait l'esprit bien loin de ces livres. Agenouillée sur son prie-Dieu, le front penché dans ses deux mains, elle se préparait à son sacrifice, comme un mourant se dispose à la mort. Elle fermait l'oreille à cette voix chérie qui l'avait rappelée le matin du haut du ciel ; elle détournait les yeux de ces souvenirs sacrés de son enfance, plus merveilleux et plus rayonnants que jamais depuis quelques heures. Elle demandait à l'amour filial et à l'inexorable honneur le courage de survivre à l'anéantissement de ses espérances, d'aller détruire, le lendemain, celles du rédempteur envoyé trop tard par sa mère, d'oublier enfin l'homme qu'elle avait pleuré mort, et qui ressuscitait pour la pleurer vivante...

La vue de Lestialla l'interrompit au moment où elle luttait contre son image, et elle ne put retenir un cri, en se trouvant seule avec le Ligueur.

— Rassurez-vous, mademoiselle, dit celui-ci d'une voix respectueuse ; ce n'est point un amant qui est devant vous, c'est un sauveur qui vient à votre secours !...

— Je ne dois écouter ni l'un ni l'autre, monsieur ! répondit Aliénor dans le plus grand trouble.

Et elle allait lui ordonner de sortir comme il était entré, lorsqu'elle s'aperçut qu'il avait exposé sa vie... Alors ce fut elle-même qui se disposa à sortir ; mais Lestialla la retint sur le seuil de la chambre.

— Mademoiselle, lui dit-il avec douceur et cependant avec énergie, pardonnez-moi d'employer pour vous voir le seul moyen qui soit en ma puissance. Si vous franchissez cette porte sans m'entendre, je franchirai en même temps cette fenêtre, et nous serons perdus tous deux.

— Juste ciel ! s'écria la jeune fille, qui rentra précipitamment. Parlez monsieur, parlez!... ajouta-t-elle en recueillant toutes les forces de son âme...

Ces mots n'étaient pas prononcés, que le Ligueur tombait aux genoux d'Aliénor, et versait, pour ainsi dire, à ses pieds, tous les trésors de son amour!

Les paroles de Lestialla furent si nobles et si passionnés, si tendres et si brûlantes, si généreuses et si persuasives, que mademoiselle du Liskoët sentit pour la première fois combien elle l'aimait profondément et irréparablement!...

— Eh bien mademoiselle, ajouta-t-il, en cherchant un regard dans les yeux défaillants de la jeune fille; pour cet amour qui a concentré sur vous seule toutes les facultés de mon âme; pour cet amour qui a fait de l'homme le plus fier et le plus audacieux, l'humble et tremblant esclave dont les lèvres n'ont pas encore effleuré votre main; pour cet amour qui joint aux ardeurs les plus insensées le dévouement de la piété filiale et les sollicitudes de la tendresse paternelle ; pour cet amour qui n'aura d'espoir que dans l'avenir, quand Dieu et mon épée auront comblé l'abîme qui nous sépare ; pour cet amour enfin qui me prosterne devant vous, comme la foi me prosternerait devant un ange ; je ne vous demande qu'une réponse à cette question : Le mariage que vous allez faire vous rendra-t-il heureuse ? Oui ou non, mademoiselle, et mon sort est décidé, comme le vôtre ! Si c'est oui, plutôt ma mort qu'un instant de retard dans l'accomplissement de vos vœux ! Si c'est non, plutôt tous les malheurs que votre malheur, Aliénor, plutôt des flots de sang qu'une larme de vos yeux !... Mais, reprit-il vivement, ne craignez point de telles extrémités !... Je sais tout ce qui peut enchaîner votre honneur et celui de votre père...

j'ai un moyen d'affranchir l'un et l'autre, sans l'accomplissement de ce mariage!...

Peu s'en fallut qu'Aliénor ne s'écriât : — Quel est ce moyen ? Car son courage n'avait plus d'armes, sa bouche n'avait plus de paroles, pour le combat qu'elle se livrait à elle-même. Il lui semblait que sa mère lui faisait signe du haut du ciel d'accueillir Lestialla comme un libérateur envoyé par Dieu ; elle croyait sentir la croix d'or de la mourante s'agiter dans son corsage, et la lettre sacrée dilater les battements de sa poitrine... Mais les cheveux blancs de son père, tachés par elle, interceptèrent la céleste vision.... Elle se rappela les dernières et sinistres paroles du vieillard : — Le jour où le baron de Rustéfan aura manqué à sa parole, il n'aura plus qu'à se cacher dans la tombe!... Elle le vit dormant sur l'assurance qu'elle lui avait laissée, et se réveillant le lende-

main pour la retrouver rebelle et parjure...
et tué enfin deux fois, au lieu d'une, par
l'amour de sa fille pour un Ligueur!... Alors
renouvelant à la piété filiale le sacrifice
qu'elle avait déjà fait à l'honneur, c'est-à-
dire offrant à l'une et à l'autre son pauvre
cœur sanglant et déchiré :

— Oui, monsieur, dit-elle à Lestialla, le
mariage qui s'apprête assurera mon bonheur !...

En parlant ainsi, elle détourna la tête,
et fit signe au Ligueur de s'éloigner ; mais
malgré cet effort son regard rencontra celui
qu'elle fuyait ; — et, comme elle y vit l'affreuse douleur de l'homme qui reçoit un coup
de poignard dans le sein, sa propre force
épuisée manqua à cette dernière épreuve,
et elle tomba évanouie dans un fauteuil...

Rien n'égala l'effroi du Ligueur, si ce
n'est sa joie !... Car il passait de la mort

à la vie!... Car il était aimé comme il aimait lui-même!... Il ne pouvait plus en douter!...

Cependant un incident plus terrible encore vient compliquer sa situation. Un bruit étrange se fait entendre dans le corridor, et des pas semblent se diriger vers la chambre de mademoiselle du Liskoët...

— Que faire, grand Dieu! que faire?...

Mor-Vaniel frissonne pour la première fois de sa vie, et sent une sueur glacée découler de son front... Il conserve pourtant assez de sang-froid pour opter dans cette horrible alternative...

Il s'approche du livre ouvert sur le prie-Dieu d'Aliénor. Mais quel objet ses yeux y trouvent-ils? Le billet qu'il avait envoyé à mademoiselle du Liskoët, dans sa retraite de Lok-Maria :

« Quittez Lok-Maria ce soir...

« RONAN DE LESTIALLA. »

Billet encore tout trempé des larmes que la jeune fille y versait, au moment même où il était entré dans la chambre!

Un baiser du Ligueur dévore cette rosée vivifiante; sa main droite arrache son poignard de sa ceinture, en trempe la pointe dans la blessure qu'il se fait à la main gauche, et trace les lignes qui suivent au revers du billet ensanglanté :

« Si ce souvenir n'est pas trompeur, un mot avant l'heure du sacrifice, et rien n'est irréparable! »

Puis, s'élançant de nouveau sur le balcon, il referme la fenêtre, et disparaît.

Il n'était pas plutôt dans sa chambre, que le bruit augmenta dans le château d'une manière effrayante. Le beffroi retentit au sommet du donjon; les sentinelles crièrent aux armes; maître Salomon se réfugia près de la gouvernante, dans un appareil qui rappelait son voyage de Konk; les soldats de La Noue se répandirent dans les corridors; les torches allumées coururent au milieu des épées étincelantes, et tout le manoir fut sur la défensive, comme si une armée l'eût assiégé dans la nuit.

— Je suis découvert et perdu! se dit Mor-Vaniel en entendant répéter partout:

— Il est ici!... Il est là!... Arrêtez-le!

Et il se disposait à sauver ou à vendre chèrement sa vie, lorsque Iwen-Vraz et dix hommes d'armes entrèrent l'épée à la main dans sa chambre.

— Où est-il? L'avez-vous vu? demanda le trompette au Ligueur, au moment où celui-ci se mettait en défense.

Mor-Vaniel respira, et apprit la véritable cause de l'alerte...

En levant les mains vers le ciel, pour la conversion des hérétiques, Iwen avait vu, au clair de la lune, un homme se glisser furtivement dans les offices du château.

Par un temps où il fallait s'attendre à tout, cet homme était peut-être un espion ou un assassin, peut-être l'avant-coureur de quelque bande ennemie!... Telle était la nouvelle qui avait réveillé tout le monde, et tel était l'objet des recherches d'Iwen-Vraz et de ses compagnons.

Lestialla, rassuré, se joignit à eux, parcourut le château dans tous les sens, et saisit bientôt de sa main l'auteur du tumulte.

Or, ce n'était autre qu'Alanik Favennek, l'habile ivrogne revenu à Pont-Aven, — lequel avait voulu pousser ses observations jusque dans l'intérieur du manoir.

L'œil exercé du Ligueur reconnut d'abord l'agent secret de La Fontenelle; et, persuadé qu'il méditait une seconde édition du piége de Koat-Konk, il allait lui passer son épée à travers le corps, lorsque le paysan lui dit à l'oreille :

— Si vous frappez, je parle!... et l'on saura où vous étiez tout à l'heure!...

A ces mots, l'arme du Ligueur échappe de sa main, et il fait signe à Iwen de conduire le captif au donjon...

Mais, comme le coquin traversait la cour, il voit un de ses gardiens retourner la tête; il lui saute à la gorge en un clin d'œil, lui arrache sa pique et sa pistole, le culbute en lui brisant la tête, s'arrache aux vingt bras qui l'emprisonnent, s'élance à travers la cour, bondit par-dessus la grille, envoie une pistolade au château, pousse un éclat de rire, et disparaît dans l'ombre...

Il était déjà fort loin qu'Iwen et les soldats se regardaient encore, et se croyaient le jouet d'un sortilége ou d'une vision...

— Après le chat viendra le tigre! dit le

Ligueur ; monsieur le baron n'a qu'à se bien tenir sur ses gardes !

Tel fut le rapport qu'il alla lui-même faire au châtelain, — non sans s'informer adroitement de mademoiselle du Liskoët...

La jeune fille revenait à elle, quand la gouvernante entra dans sa chambre ; on expliqua son évanouissement par la terreur générale, et une heure après, tout le monde se rendormait dans le château...

Tout le monde,... excepté Aliénor, qui venait de trouver sur son prie-Dieu le billet laissé par Lestialla ; — tout le monde, excepté le Ligueur, qui passa la nuit dans des méditations profondes.

XIV.

SUMMA DIES.

Le grand jour était venu, l'heure décisive allait sonner. Tout était prêt, à Rustéfan, pour le sacrifice : le temple et l'autel, les assistants et les témoins. On n'attendait plus que le sacrificateur et la victime.

Après s'être vaincue elle-même jusqu'au

bout; après avoir triomphé du dernier appel de sa mère et des dernières promesses du Ligueur; après avoir déposé dans son sein calmé, comme en un tombeau, la lettre et la croix de la baronne, et livré aux flammes d'une main courageuse le billet écrit du sang de Lestialla; après avoir reporté à son père, avec le baiser filial, les mêmes assuran es que la veille; après avoir enfin détruit les espérances suprêmes et reçu les suprêmes adieux du Ligueur, Aliénor était sortie du château par une porte, tandis que celui-ci en sortait par une autre, triste et cruelle image de leur éternelle séparation!...

La jeune fille avait disparu dans un petit bois conduisant au pavillon de chasse, où messire Alain devait à son tour recevoir ses adieux; — et le jeune homme s'était dirigé vers Pont-Aven, où les douze kéméner l'attendaient au milieu du grand pardon...

De bonne heure, Liskoët et La Noue s'étaient rendus dans la salle attenant au prêche, avec les principaux habitants et serviteurs du manoir.

Le baron portait le justaucorps de velours rouge et l'épée à poignée d'or qu'il mettait pour la seconde fois depuis son mariage. Le fiancé était vêtu de soie noire des pieds à la tête, suivant la règle austère de sa secte, et coiffé d'une petite toque dont le bord étroit couvrait à peine ses cheveux ras.

Olarius était debout derrière son maître, plus vermeil, plus paré, plus triomphant et plus parfumé que jamais, au grand dépit de la gouvernante qui se trouvait rangée parmi les chambrières, jusqu'à l'heure impatiemment désirée où l'arrivée d'Aliénor la remettrait à son rang.

A droite et à gauche se tenaient les gentilshommes et les gens d'armes arrivés de

Kemper et de Kemperlé, mêlés à quelques châtelains des environs qui n'avaient pas osé refuser l'invitation de Liskoët.

Aussi dévoués à leur religion qu'à leur roi, ces honnêtes Bretons regardaient comme une curiosité le seul prêche protestant qu'ils eussent jamais vu, et se consolaient à la manière d'Iwen-Vraz, en demandant à Dieu la conversion de Henri IV.

A ce propos, il faut dire qu'Iwen ne prenait point part à la cérémonie, quoique le privilége de sa charge fût d'accompagner partout son maître. La seule concession qu'il eût pu faire avait été de réunir les convives au son de sa trompette ; après quoi, l'ayant purifiée au moyen de quelques gouttes d'eau bénite, il avait pris la même direction qu'Aliénor, en répétant à qui voulait l'entendre :

— J'ai levé les mains au ciel toute la nuit pour empêcher ce mariage... L'époux et l'épouse ne sont point encore mûrs pour la grâce du Seigneur! C'est devant le Christ et la vierge Marie qu'ils seront unis un jour!... J'attends avec confiance le miracle qui doit suspendre cette fête sacrilége!...

Et tout en parlant ainsi, le trompette se chargeait en partie de la façon du miracle; car il protégeait de sa surveillance officieuse l'excursion d'Aliénor, qu'il supposait être allée chercher les lumières du recteur.

Ce fut alors que le plus étrange des invités parut à la grille du château, dans la personne de Merlin le Pillaouer, monté sur sa maigre haridelle.

Les piquiers chargés de garder la cour d'honneur allaient le recevoir à coups de hallebarde, s'il ne leur eût dit avec un aplomb qui les amusa que M. le baron l'attendait pour commencer la cérémonie. Au même instant, l'écuyer qui l'avait annoncé la veille vint au-devant de lui, à la stupéfaction générale; et, laissant Mamm aux soins de cet écuyer, le vieillard montra sa figure grimaçante à la porte du prêche...

Jamais assurément il ne l'eût franchie, s'il n'eût été le véritable pontife du mystère qui allait s'accomplir... Mais, puisqu'il fallait aller reprendre son or jusque dans les griffes du diable, il en fut quitte pour s'assurer contre l'incendie éternel par son infaillible louzou, fortifié d'une douzaine de signes de croix et d'autant d'*Ave Maria*.

Le baron et La Noue l'attirèrent dans un coin de la salle, tandis que les gentilshommes étonnés se demandaient ce que cela voulait dire; et ils s'entretinrent à voix basse avec lui, en attendant que le ministre amenât mademoiselle du Liskoët.

Mais ce fut en vain qu'on attendit l'un et l'autre durant plus d'une heure; tous deux, comme on le verra bientôt, étaient fort empêchés d'arriver au rendez-vous...

Cependant les cérémonies, les réjouissances et les luttes du grand pardon se poursuivaient à Pont-Aven, où ils formaient le spectacle le plus étrange et le plus varié.

Les quatre mille paysans promis par les kéméner étaient là, sous l'habit de pieux pèlerins ou de joyeux paotred, prêts à recevoir les ordres du chef inconnu qu'ils attendaient depuis le matin ; de ce jeune homme qui ne serait qu'un spectateur de la fête pour les indifférents, et qui pour eux devait être le messie libérateur de la Cornouaille, annoncé par tous les devins du pays !...

Divisés par bandes et par paroisses, la diversité de leur aspect justifiait tristement ou plaisamment les renseignemens donnés par les tailleurs à Mor-Vaniel.

On distinguait ceux de Kemperlé à la richesse de leurs costumes, et aux armes que plusieurs portaient sur l'épaule. La soif de la vengeance respirait dans les yeux et dans les paroles de ceux de Lothéa et de Trébalay, villages brûlés par les brigands. Ceux de Nizon et de Bannalek, qui n'avaient rien souffert encore, étaient les plus brillants, les plus joyeux et les plus déterminés. Aussi excitaient-ils l'envie de ceux de Clohars et de Névez, encore souffrants de la disette et du mal jaune, et promenant partout en silence leurs figures haves et barbues... Mais les plus tristes et les plus effrayants de tous, ceux dont la joie universelle ne pouvait cacher le désespoir, et dont les clameurs de la fête ne pouvaient couvrir les gémissements, c'étaient les habitants de Trévoux et de Moëlan, troupe errante et déguenillée de femmes, de vieillards, d'enfants et de jeunes hommes, reste plaintif et affamé d'un troupeau dévoré par la famine et les loups.

Parmi cette foule pitoyable, terrible ou réjouissante à voir, comme un tableau de la vie humaine, circulait une autre foule de mendiants parés de leurs plus belles plaies, de femmes vêtues de leurs plus belles robes, de commères au jupon relevé sur la hanche, de jeunes veuves portant la triste couleur des feuilles mortes, de pennerès en corken de velours rouge et noir, de petits garçons aux camisoles flottantes et de petites filles coiffées de bandelettes interminables. Tout cela répandu par groupes sur les coteaux, s'agitant pêle-mêle dans la vallée, marchant en files à travers les rues, débouchant sur le port et sur la place, entourant l'église paroissiale ou la chapelle du Plessis, se détachant au milieu de la lande nue, sous les vieux chênes verts et les grands châtaigniers, parmi les roues immobiles et les cascades ralenties des moulins ; se pressant autour du gui magique des tavernes, des tables dressées en plein air, des tonnes de cidre coulant comme des fontaines, des foyers ardents allumés sur l'herbe verte ou la pierre calcinée ; tandis que l'air se remplissait du bruit confus des cloches, des cris de joie ou d'appel des paotred, des plaintes et des prières des mendiants, du chant monotone des vieilles ballades, et du murmure éternel de la rivière.

Le quartier principal des femmes, des filles et des enfants était la grande place, au milieu de laquelle Piarik vendait, pour quelques sous ou quelques deniers, des chapelets de verroterie, des croix et des pennon (médailles de saints), des clefs de plomb préservant des chiens enragés, des rubans et des colifichets de toutes sortes, — au moment même où son maître allait peut-être saisir les domaines du baron de Rustéfan!...Déjà M. le recteur, fêté ce jour-là par tout le pays, avait chanté la grand'messe et les vêpres, et prêché la paix du haut de la chaire évangélique : sermon perdu pour la plupart de ses auditeurs!... Il avait proclamé les offrandes apportées à la paroisse en l'honneur de son retour : — *Yves Magan donne un minot de froment à Notre-Dame des Sept-Douleurs. — Guillemette Kernevel donne une robe de noce et trois quenouilles chargées à sainte Gudule. — Donoal Pen-forn donne un boisseau de pommes et deux douzaines de crêpes à saint Guthiern*, etc. Après quoi, le bon prêtre, descendant de l'autel, avait évangélisé les enfants et les vieillards, en leur faisant baiser l'étole de soie et la patène dorée; puis la procession, sortant de l'église à grands flots, s'était déroulée comme un fleuve vivant, à travers les rues et les champs de Pont-Aven.

La procession du village! Cérémonie sublime et touchante!... Résumé de toutes les poésies de la Bretagne!... Spectacle admible jusqu'au sein des horreurs de la guerre!... Ici plus de misères ni de souffrances, plus de divisions ni de complots, plus de Royaux ni de Ligueurs! Le mendiant oublie son indigence, l'infirme ses plaies, le boiteux sa béquille, le conspirateur son projet, la jeune fille ses amours, l'enfant ses hochets, pour suivre la bannière de la paroisse.

Le privilége de la porter n'appartient plus à Toussaint Favennek, mais à tous les paotred qui veulent se disputer cet honneur; — honneur difficile et périlleux, qui consiste à incliner et à relever successivement cette masse de velours et d'or, sans jamais en laisser la frange sacrée rouler dans la poudre du chemin!

Pendant que les plus vigoureux concur-

rents se brisent les membres dans cette
pieuse lutte, le recteur s'avance avec lenteur
sous la chape blanche effilée d'argent, portant l'image du patron dans ses plus beaux
atours, au milieu de la fumée des encensoirs,
des enfants de chœur en robes blanches, et
des chants répétés par cinq mille voix. Après
le recteur vient la double file des mendiants,
les derniers sur la terre, mais les premiers
devant Dieu ; après les mendiants marchent
les hommes en jupens de toute couleur ; et
après les hommes, mais à longue distance,
suivent modestement les femmes, — océan
de coiffes blanches penchées sur les grains
du chapelet. Ainsi, par un soleil radieux,
par un air sans brise, par un ciel sans nuage,
la procession défile autour des bruyères roses, des champs de millet doré, d'avoine re-
verdissante et de sarrasin vermeil ; disparaît
derrière les peupliers et les aunes, et sous

les vertes arcades des chemins creux; reparaît sur la lisière des bois, dans l'avenue des routes, glisse entre les grands pins qui frémissent à son passage, mêle les franges de sa bannière au feuillage des chênes plantés par les druides, et détache ses croix d'argent sur le firmament d'azur.

Voici la fontaine du pardon, surmontée de la statue du saint qui l'habite; un vert rideau couvre à demi la niche tapissée de mousse. Ici, l'eau dort, paisible et mystérieuse, à l'ombre des saules penchés sur ses bords; là, elle filtre en gazouillant dans les hautes herbes, et va, comme un serpent effrayé, chercher un refuge sous les broussailles. Mille épingles et autant de morceaux de faïence ont été semés au fond du bassin par des mains pieuses. Avec les épingles, le patron rattachera les lambeaux de son suaire, lorsqu'il se lèvera la nuit pour errer dans la lande, et la mosaïque de faïence réjouira ses yeux, quand il se mirera dans le cristal de l'eau. Les beaux habits d'ailleurs ne lui manquent point pour sa fête, et ce n'est pas lui qui souffrirait de la misère du temps! Il en porte la preuve dans son aube de mousseline brodée, dans son étole de velours, et dans sa mitre étincelante de paillettes. Aussi va-t-il renouveler toutes les vertus de l'eau sainte, tandis que le recteur y trempe son image à trois reprises. C'est alors que chacun se précipite vers la source des miracles... Mais les mendiants l'entourent, fiers de leurs priviléges, et il faut leur payer le salut de son corps ou de son âme. Approchez, malades, infirmes, vieillards, pécheurs et pécheresses ; recevez ce second baptême qui rend la force aux membres épuisés, la jeunesse aux cheveux blancs, le repos aux cœurs tourmentés!... Approchez, jeunes mères dont les enfants souffrent et pleurent au fond de leurs berceaux ; trempez dans cette eau le drap blanc ou le maillot de lisière, et vos enfants refleuriront sous cette rosée, comme les fleurs de vos courtils au printemps !... Approchez surtout, jeunes filles qui attendez un mari, jeunes gens qui voulez vaincre dans les luttes ; courbez-vous sous l'urne salutaire des mendiants... laissez-la-leur vider tout entière sur votre cou et dans vos manches ; agitez vos bras en l'air pour que l'eau précieuse arrive jusqu'à votre cœur : et vous aurez un beau fiancé à la Saint-Michel, ô pennerès ! vous remporterez ce soir, ô paotred, le prix du chant ou de la soule !

Justement, l'heure des luttes approche, et la cloche sonne leur ouverture en sonnant la fin de la procession... Arrivez sur la lande, arrivez, jeunes gars de Nizon et de Kemperlé !.... Arrivez, pauvres pen-ty de Lothéa et de Trébalay, incendiés par La Fontenelle!... Arrivez, pâles habitants de Clohars et de Névez, à peine guéris de la famine et de la peste! Arrivez, superbes garçons de Baunalek, avec vos grands chevaux enharnachés! Arrivez, malheureuses familles de Trévoux et de Moëlan, décimées par les loups! Arrivez, gens de Tré-Konk, de Lanriek et de Melven; arrivez tous!... C'est ici que les plus faibles vont retrouver leurs forces, les plus abattus leur courage, les plus infortunés l'espérance; c'est ici que les plus vaillants seront élus rois, que les plus vigoureux porteront la grande bannière, que tous les Bretons jureront de sauver la Bretagne!...

— *Doué pénigo Mor-Vaniel!* voici le Ligueur qui s'avance! Les douze kéméner l'entourent; les quatre mille hommes sont là!... Tous ont fait le serment de marcher sur Kemper au premier signal!... Ce signal sera le tocsin volant de clocher en clocher... et les bandes kernewotes voleront plus vite encore à Concarneau, leur commun centre de ralliement!... Mais à ces bandes il faut des chefs dignes d'elles, dignes du Ligueur, leur chef suprême!... Ces chefs seront les vainqueurs des jeux et des luttes. Allons! jeunes athlètes, à bas le jupen flottant, les lourdes galoches et le chapeau chargé de chenilles; roulez et attachez vos grands cheveux avec la tresse de paille! Le vieux chêne balance les prix de la victoire sur vos têtes. Aujourd'hui ces prix ne sont plus des rubans, des ceintures et des colifichets; ce sont des épées et des arquebuses, des pistoles et des lances!... A l'ombre du feuillage, les juges du camp sont debout et attentifs, et les kéméner, armés du fouet et de la poële, maintiennent les curieux à distance...

— *Chom sahue!* debout, et deux à deux!...

— A qui es-tu, à Dieu ou au diable?

— Je suis à Dieu. Le meilleur louzou est le signe de la croix.

— C'est bien! Que l'enfer dévore les sorciers!

— As-tu du fiel avant le combat? Gardes-tu de la rancune après?

— Après comme avant, je donne la main. Touche là.

— Touche là.

— Je suis de Kemperlé.

— Je suis de Bannalek.

— *Link! link!* (place! place!). Et, front contre front, la main sur l'épaule, les jambes écartées, voilà les lutteurs aux prises! — En avant le *péeg-gourn* (croc-en-jambe), le *kliket-zoon* (tourniquet à fond), le *toll-skarge* (enlèvement du rival), le *kostinn* ou le *lamm* (la chute sur le flanc ou sur le dos). Cette dernière termine le combat, et le vainqueur, proclamé chef de cent hommes, est porté sur les bras par ceux de son village.

Étrange et terrible élection, que les curieux prennent pour un divertissement, et qui se continue dans les jeux de crosse et de galoche, dans les luttes du chant et dans la bataille de la soule.

La bataille de la soule ! Voilà la grande fête des kernewotes ! Chaque paroisse est dans son camp, tracé par les kéméner. Les juges donnent le signal, et l'un d'eux lance en l'air le ballon de cuir. Alors sus au symbole de la victoire ! et honneur à qui le logera dans sa paroisse ! Les bras s'élèvent et s'abaissent, les têtes se heurtent et se confondent, les chevelures flottent au vent, les cris se répondent de près et de loin, la poussière vole en tourbillons. Chacun saisit la soule et la perd à son tour. La main vaincue la reprend à la main triomphante; le désespoir la rejette aux cieux, et le combat recommence plus acharné. Sus! Sus! La voilà chez les gars de Moëlan!... Ceux de Trébalay vont l'enlever!... Courage!... Il est trop tard!... C'est un Konkernois qui la tient!... Il s'élance, poursuivi par trois mille rivaux... Il quitte la lande, franchit les talus, les prés et les champs, les courtils et les maisons... Le voilà sur les bords de l'Aven!... D'un côté les flots écumant contre les rochers ; de l'autre six mille bras dressés contre un seul!.. Que faire ?... le signe de la croix et s'élancer à l'eau! Voilà le champion à la nage! La soule est dans sa main gauche, sa main droite fend l'onde avec vigueur, ses pieds la rejettent bouillonnante après lui! — Noël! Noël! a crié toute sa paroisse. Mais il n'est pas le seul qui sache vaincre ou mourir... Deux cents gars se précipitent à la fois dans l'Aven. Les vagues s'ouvrent épouvantées devant eux; elles reculent en frémissant vers les bords. Les longs cheveux, noirs et blonds, traînent parmi l'écume. Les clameurs sauvages couvrent le bruit des cascades. Les lutteurs gagnent l'autre bord, essoufflés et ruisselants, mais plus ardents que jamais. Enfin le Konkernois s'arrête épuisé, défaillant... Il va succomber au milieu de son triomphe! D'une main découragée, il lance au hasard le ballon; mais un immense cri de joie vient lui rendre la vie... C'est un gars de sa paroisse qui a reçu la soule et qui l'a logée dans le camp de Tré-Konk!...

Ainsi continuent les luttes, jusqu'à l'élection des quarante chefs de bandes... Mais Mor-Vaniel n'en a pas attendu la fin pour appeler à lui les plus déterminés. Quels sont les ordres qu'il leur donne au sommet de cette colline, en allongeant la main dans la direction de Rustéfan? C'est ce qu'on va savoir à Rustéfan même, où le ministre et Aliénor n'ont point encore reparu.

Après une heure et demie d'attente inutile, le seigneur du Liskoët avait perdu patience; La Noue se livrait à des soupçons fâcheux, et le Pillaouer devenait menaçant. On attendit encore une demi-heure. On envoya chercher Aliénor dans tous les sens : on ne la trouva pas plus que le ministre.

Et Iwen de répéter de plus belle, en levant les mains : — J'en étais sûr ! voilà le miracle qui commence !...

Il répéta tant et si bien ces paroles, que Liskoët lui fit donner la question, pour lui arracher ce qu'il savait. — Comme il ne savait rien du tout, il souffrit les douleurs du martyre, sans en avoir le mérite.

Alors enfin parut maître Salomon, mais dans un état qui n'avait rien de rassurant.

Sa belle robe de soie était déchirée; il avait perdu son bonnet ; une sueur froide découlait de son front avec les essences dont il s'était parfumé. Il franchit la grille en se retournant trois fois, comme un homme poursuivi par une armée; il cria aux gardes effrayées : — Sauvez-moi !... Sauvez-moi ! Les brigands sont à ma poursuite ! Et, traversant comme un trait les offices, il vint tomber éperdu au milieu de la salle.

Là, d'une voix entrecoupée de soupirs, de citations et de tremblements convulsifs, il ne put que répéter pendant un quart d'heure :

— Les brigands sont ici !... Défendez-moi !... La Fontenelle va venir !... J'ai vu ses farouches soldats !... *De profundis clamavi ad te, Domine !*... Qu'on ferme les portes du château !... Ils sont plus de mille à ma poursuite !... *Domine, exaudi vocem meam !*... Je

leur ai laissé mon manteau, comme Joseph
à madame Putiphar!

A travers toutes ces exclamations, ce ne
fut pas sans peine qu'on démêla son histoire.
Au moment de se rendre au prêche, voyant
mademoiselle du Liskoët dans le petit bois,
il était allé au-devant d'elle. C'était la première fois qu'il osait mettre le pied dehors depuis son retour de Tré-Konk, et son
audace avait été cruellement punie! Les
brigands de La Fontenelle le guettaient, le
malheureux, — les brigands à qui il n'avait
point envoyé sa rançon!... A peine avait-il
fait cent pas, qu'il est enveloppé par dix
hommes qui sortent de terre. Ils le menacent de la mort s'il ouvre la bouche, et ils
l'entraînent jusqu'au fond du bois... Là, sans
lui rien dire, sans lui rien faire, ils le gardent à vue pendant un quart d'heure, pendant une demi-heure, pendant une heure,

pendant une heure et demie. Pourquoi cela?
Sans doute pour préparer son supplice...
Aussi disposait-il son âme à paraître devant
Dieu... lorsqu'un autre spectacle vient frapper ses regards... Il voit mademoiselle du
Liskoët entourée des mêmes hommes que
lui-même, enlevée par eux...

— Enlevée!... s'écria le châtelain d'une
voix formidable.

Et ce mot, répété par tous les assistants,
par les écuyers et les valets, fit en quelques
secondes le tour du château.

— Enlevée par La Fontenelle, reprend le
ministre en s'essuyant le front; mais enlevée, je dois le dire, avec les plus grands
égards... J'étais si étonné de tant de respect
au milieu de tant de violence, que je ne
m'apercevais pas que les bandits m'avaient
abandonné pour mademoiselle...

— Et vous n'avez pas volé à son secours?...

— J'ai volé ici, monseigneur, pour vous apporter cette triste nouvelle.

Liskoët devint pâle comme la mort, et tira sa longue épée du fourreau...

— A cheval! tout le monde à cheval!... cria-t-il d'une voix étouffée par la colère.

Et, au bout de cinq minutes, lui, La Noue et leurs gentilshommes galopaient dispersés dans la campagne...

Mais ce fut en vain qu'ils battirent toutes les routes à cinq lieues à la ronde; ils n'y trouvèrent pas la moindre trace des soldats de La Fontenelle.

— Et cependant, dit le baron épuisé, en rentrant au château, après l'alerte que nous avons eue cette nuit, un tel coup n'a pu être fait que par ce brigand!...

Ses soupçons se portèrent sur messire Alain, et il le fit comparaître devant lui. Mais le recteur n'avait vu Aliénor qu'un instant, pour recevoir d'elle l'assurance que son mariage était irrévocable. Et, se soumettant à la volonté du Seigneur, le saint homme était allé prier sur la tombe de la baronne.

Alors, pour la première fois, Liskoët demanda où était le Ligueur?.. Olarius répondit qu'il n'avait point reparu depuis le matin ; et une idée fatale traversait l'esprit du baron, lorsqu'il aperçut le Ligueur lui-même tranquillement assis près du Pillaouer.

La contenance et les paroles de Lestialla rendaient toute défiance impossible, et pourtant un œil plus exercé que celui du baron eût été frappé de la singulière pâleur du jeune homme.

— Monseigneur, dit le Pillaouer à demi-voix, en regardant par une fenêtre, le soleil baisse à l'horizon. Dans une heure, le terme de notre contrat expire. Le mariage de mademoiselle du Liskoët et de M. de La Noue n'ayant pas lieu, la clause des garanties me donne arrêt sur lui et sur vous, et je saisis d'abord le château de Rustéfan...

Le baron laissa échapper un juron terrible... mais il ne put que baisser la tête en murmurant : — Vous en avez le droit !...

Jamais il n'avait parlé au Pillaouer avec tant de déférence, et pourtant jamais il n'eût eu plus de plaisir à l'écraser sous ses pieds !... Merlin lui-même fut surpris de ce changement de ton, sans pouvoir en comprendre la cause... C'est que, pour la première fois, Liskoët manquait à sa parole, et il sentait qu'une tache ineffaçable allait tomber sur ses cheveux blancs !...

Il fit signe aux gentilshommes de le laisser avec le Pillaouer, et La Noue resta seul entre les deux vieillards, aussi pâle et aussi sombre qu'eux-mêmes.

— Il y a un moyen de sauver votre château et votre honneur! monsieur le baron, dit aussitôt une voix, que tous trois furent étonnés d'entendre.

C'était le Ligueur, qui était demeuré pensif sur la porte, et qui rentrait lentement, considérant le Pillaouer effrayé...

— Je connais votre affaire, messires, ajouta-t-il courtoisement, car je suis dans les confidences de maître Merlin.

En même temps son regard impérieux défendit à l'usurier de le contredire, et il poursuivit tranquillement :

— Ce moyen, M. de Liskoët, est de rembourser au prêteur le montant du capital et des intérêts, lequel s'élève aujourd'hui à quarante-trois mille cinq cents livres, dix sous, trois deniers.

L'avare, le capitaine et le baron se croyaient le jouet d'un rêve, et tous trois se regardaient sans trouver un mot à répondre.

Liskoët fut le premier qui revint à lui, et il dit poliment au Ligueur :

— Ce moyen serait le meilleur, sans doute ; mais vous voyez bien que je n'ai pas...

— Cette somme ? Le prêteur peut attendre que vous l'ayez, messire, reprit Lestialla, en jetant un coup d'œil à Merlin.

— Jamais ! s'écria celui-ci, qui s'élança frissonnant vers Mor-Vaniel.

Et il lui dit tout bas : — Sainte Marie ! que faites-vous donc ?

— Mon devoir ! répondit le Ligueur, en portant une main dans son justaucorps.

Et, tandis que Merlin répétait de sa voix glapissante : — Pas un jour ! Sainte Marie ! pas une heure de délai !... Il y a dix années que j'attends !... Je suis ruiné, si je n'ai pas cette somme ! Le château de Rustéfan sera saisi ce soir et vendu demain !... Mon contrat est en bonne forme, Dieu merci !...

— Votre contrat ne vous appartient plus! reprit Lestialla, en tirant un papier de sa poche. — Le Pillaouer m'a cédé ses droits avec cet acte, messires, ajouta-t-il, après l'avoir déployé sous les yeux stupéfaits du baron.

L'usurier ouvrit convulsivement sa ceinture, s'assura qu'il était, en effet, dépossédé, et se rua contre le Ligueur avec une sorte de hurlement sauvage...

Lestialla le contint d'une main ferme, et le vieillard tomba inanimé sur les genoux. Les deux témoins de cette scène en attendaient silencieusement l'explication.

Le Ligueur frémit, en voyant la figure de Merlin se décomposer, comme s'il eût reçu le coup mortel. Il sentit qu'enlever à l'avare son contrat, c'était réellement lui enlever la vie ; et une lutte affreuse s'établit dans son âme entre son tad-mager et le père d'Aliénor.

En ce moment, le son d'une trompette

ébranla tout le château. Un gentilhomme franchit la grille avec un nombreux cortége, et le baron poussa un cri de surprise, en apercevant le sieur de Lézonnet.

Lestialla l'aperçut en même temps, et tout son aplomb faillit l'abandonner. Il échouait au port si Lézonnet le reconnaissait; — et comment ne le reconnaîtrait-il pas?

Peu s'en fallut qu'il ne prît la fuite devant son ennemi le plus méprisable et le plus méprisé; mais ce dernier moyen de salut ne lui restait pas même, car Lézonnet était déjà sur la porte de la salle.

L'ancien gouverneur de Concarneau se trouvait chargé par le maréchal d'Aumont de recruter, en vingt-quatre heures, toutes les forces du pays; et il remit au baron la lettre du maréchal qui le sommait, au nom du Roi, d'envoyer trois cents hommes à Kemper. Il lui offrit, à cet effet, une partie de la somme de vingt mille livres que le maréchal lui avait confiée...

Ce fut en achevant ces mots qu'il aperçut Mor-Vaniel, et, malgré la contenance assurée de celui-ci, il reconnut parfaitement le vainqueur de Konk!...

— Je suis perdu! pensa Lestialla, tout en soutenant le regard perçant du politique.

En effet, Lézonnet n'eut pas plutôt appris l'enlèvement d'Aliénor, qu'il dit au baron :

— Je sais qui a fait ce coup!...

— Vous le savez? s'écrièrent Liskoët et La Noue, portant à la fois la main sur la garde de leurs épées.

Et le gouverneur, signifiant à ses gens de cerner le prêche, allait prononcer ce terrible nom de Mor-Vaniel,... lorsque le Ligueur reçut une inspiration d'en haut!

— Un mot, messire!.. dit-il au politique en le prenant à l'écart, et en refoulant le nom fatal sur ses lèvres; et il ajouta à demi-voix :

— Si vous me perdez, je vous rends la pareille. Voyez cette lettre et cette signature...

Il tira de son justaucorps et montra à Lézonnet la dépêche par laquelle celui-ci avait proposé au duc de Mercœur de lui livrer Concarneau pour trente mille écus...

Le traître devint de toutes les couleurs, et s'élança sur le papier pour s'en rendre maître.

— Vous l'aurez à une condition, messire, reprit le Ligueur.

— Laquelle?

— Donnez-moi les vingt mille livres qui sont dans vos équipages.

— Elles appartiennent au maréchal d'Aumont, monsieur!...

— Vous les lui rendrez!... Les hommes comme vous sont toujours assez riches...

Vingt mille livres, messire; je n'en rabattrai pas un denier!

C'était prendre Lézonnet par son endroit le plus faible... Il fut sur le point de sacrifier son honneur à sa cupidité... Mais il songea que sa vie même serait compromise devant des royalistes comme Liskoët et La Noue... Bref, il se soumit en gémissant à l'implacable condition de Mor-Vaniel.

— Donnant! donnant! dit celui-ci, qui avait repris sa hauteur avec sa sécurité.

Alors Lézonnet dit un mot à l'oreille de l'écuyer qui le suivait... Il déclara à Liskoët que le ravisseur de sa fille ne pouvait être que La Fontenelle; le châtelain l'envoya à tous les diables avec sa belle découverte, et Mor-Vaniel se pencha vers le Pillaouer à demi-mort.

— Relevez-vous, mon père, lui dit-il avec compassion; vous allez toucher vingt mille livres, accorder un mois pour le reste et reprendre votre contrat; sinon je le déchire, et tout est fini...

Merlin se leva d'une seule pièce, jeta un regard douloureux à ce beau manoir de Rustéfan qui échappait à ses griffes; puis il signa la quittance et le délai en balbutiant :

— Ah! Gwenaël... Gwenaël... quelle récompense de toutes mes bontés!...

— Vous gagnez encore ma rançon, puisque je suis libre, dit Mor-Vaniel, qui lui rendit son titre; et Martha la Sainte vous bénit en ce moment dans les cieux !

Le vieillard essuya deux larmes, dont une seule était pour Martha. Il compta, sous les yeux stupéfaits du baron, les vingt mille livres apportées par l'homme d'armes, les empocha soigneusement sur le dos de son bidet décharné; après quoi il disparut sans demander son reste, en disant :

— Au revoir dans un mois, monseigneur !

Tout le monde resta confondu de l'étrange dénoûment de cette scène, et ce ne fut qu'au bout de quelques minutes que le baron trouva la force de demander à Lézonnet :

— Ah ça, messire gouverneur, est-ce vous qui nous donnerez le mot de cette énigme ?

— Le voici sans doute !... repartit Lézonnet, en montrant une pierre lancée par une fronde, et qui venait de briser un des vitraux de la fenêtre.

Alors seulement chacun s'aperçut que le Ligueur était disparu en même temps que le Pillaouer, et un écuyer rapporta qu'il avait gagné la campagne au triple galop...

Liskoët se rappela en frémissant le message envoyé de la même manière chez ses filles à Lok-Maria, et, dépliant le papier qui enveloppait la pierre, il fit lire par maître Salomon les lignes suivantes :

« Mademoiselle du Liskoët n'est point au
« pouvoir de La Fontenelle. Son honneur est
« aussi sauf que celui de son père... Elle ne
« devait ni ne pouvait épouser M. de La
« Noue. L'homme qui veille sur elle la ren-
« dra pure à sa famille. Il n'a plus de motifs
« de cacher son nom.

« Mor-Vaniel le Ligueur. »

— Mor-Vaniel le Ligueur! s'écrièrent tous
les assistants, comprenant enfin ce qui venait de se passer.

Mais si ce nom fut un éclair, il fut aussi
un coup de foudre ; et lorsque de bouche en
bouche et d'écho en écho il eut traversé tout
le manoir, on y vit régner le morne silence
qui suit le passage d'un ouragan...

Liskoët l'interrompit le premier en se levant au milieu de ses pâles gentilshommes.
Jamais ils ne l'avaient vu si sombre, si farouche et si imposant. Appuyé d'une main

sur sa canne, et de l'autre serrant la poignée de son glaive, toutes ses colères passées semblaient se rallumer dans son âme et bouillonner au fond de sa poitrine, étouffées par un obstacle invincible.

— Ainsi j'avais des yeux pour ne point voir, comme l'idole de l'Écriture! dit-il d'une voix sourde et solennelle, tandis qu'un sourire amer contractait ses lèvres; ainsi les enfants donnaient au vieillard une leçon d'expérience! Ce jeune homme, que je croyais épris de ma nièce, méditait de m'enlever ma fille... il se jouait de moi comme d'un insensé; et cependant je ne puis le maudire!... Non, je ne puis le maudire, car il vient de me sauver l'honneur, comme il m'avait sauvé la vie... Mais je vois que je rêvais, ajouta-t-il plus bas, en croyant finir en repos mes tristes jours... Les femmes sont faites pour se jouer des hommes, les guerriers pour se battre, et les vieillards pour mourir!... A demain donc à Kemper, et vive le Roi! conclut-il en brandissant son épée sur sa tête ; c'est là que nous retrouverons Mor-Vaniel le Ligueur!

— Oui, c'est là !... murmura le sieur de Lézonnet avec une fureur concentrée; et puisse-t-il me payer de son sang tout l'or qu'il m'a fait perdre!

— Mais, monsieur le baron, où retrouverons-nous Aliénor? demanda La Noue, qui semblait sortir d'un songe.

— Qu'on ne prononce plus son nom devant moi! s'écria Liskoët en frappant du pied. Chargez-vous de la rechercher, messire, et de lui annoncer qu'elle a tué son père!...

— J'accepte la première mission, reprit La Noue; Dieu me dispensera de remplir la seconde...

— A demain donc à Kemper, et vive le Roi!... répétèrent d'une seule voix tous les gentilshommes, capitaines et soldats, — jusqu'au pacifique et vermeil Olarius.

Maître Salomon demeura seul étranger à ce beau mouvement, et se dit en considérant les lambeaux de sa robe de soie :

— Il est écrit là-haut que je porte malheur aux mariages, puisqu'il m'est aussi impossible de marier les autres que de me marier moi-même... *Quod scriptum est scriptum est!*

Cependant, flatté par l'espoir de rester avec la gouvernante à Rustéfan, il tourna vers elle un regard tout plein d'intentions scélérates; mais la dame de Koatkatar ne s'en aperçut même pas, car elle criait : vive le Roi! comme le plus vaillant homme d'armes.

En ce moment, le grand pardon finissait à Pont-Aven. La bombarde et le bignou, réveillant les échos de la vallée, appelaient les paotred et les pennerès aux plaisirs défendus de la danse, et les enfants commençaient à allumer des feux de joie sur tous les sommets de la colline. Bientôt les lueurs pétillantes de ces feux, multipliées par les ruisseaux et les cascades, remplacèrent la clarté du soleil, couché sous les rouges nuées de l'occident ; et l'on n'entendit plus dans Pont-Aven que le son de la cornemuse, les lamentations des mendiants et les cris des danseurs, tandis que les paroisses, en s'éloignant, se renvoyaient du sein des landes et du fond des chemins creux le refrain de *la Meunière de Pontaro :*

> Ha ma mel a drei :
> Diga-diga-di.
> Ha ma mal a ia,
> Diga-diga-da.

XV.

LOK-MARIA.

On comprend pourquoi et comment Mor-Vaniel avait enlevé Aliénor. Assuré, depuis la veille, de l'amour de la jeune fille, c'était au moment même où il recevait ses derniers adieux qu'il avait résolu de la ravir à La Noue. Et d'abord, pour empêcher le mariage de se conclure avant l'exécution de son projet, il avait fait séquestrer maître Salomon par une douzaine de paysans, que le pauvre ministre avait pris pour ses féroces créanciers. Choisissant ensuite une troupe aussi fidèle qu'intrépide parmi ses plus intrépides et ses plus fidèles paotred, il leur avait donné toutes ses instructions touchant Aliénor, et la jeune fille avait été surprise dans le petit bois lorsqu'elle revenait consommer son sacrifice. C'est alors que Mor-Vaniel avait reparu au château pour sauver le baron des griffes du Pillaouer, et pour écarter tout soupçon de lui-même jusqu'à l'accomplissement de son entreprise.

Cependant Aliénor, après une résistance inutile, chevauchait au milieu des paotred, sans pouvoir s'expliquer ce qui lui arrivait. Emmenée plutôt qu'enlevée, avec les égards qui avaient tant surpris le ministre, elle était déjà hors de toute atteinte, lorsque l'alerte donnée par celui-ci avait mis le baron et La Noue en campagne.

A Penanreun, les paotred annoncèrent à la jeune fille qu'ils avaient ordre de la diriger sur la pointe du Gabelon, que là elle serait embarquée vers Clohars-Fouesnan, et qu'on la conduirait ensuite au prieuré de Lok-Maria...

— Au prieuré de Lok-Maria! près de ma cousine! s'écria mademoiselle du Liskoët, avec la plus grande surprise.

Et la réponse affirmative du paotred la fit passer de la terreur à l'espérance.

Elle s'était crue enlevée par La Fontenelle, destinée au déshonneur ou à la mort, et voilà que le plus doux rêve qu'elle fît depuis la veille se trouvait réalisé comme par enchantement!... La réaction qui s'opéra dans son esprit fut si violente, qu'oubliant tout pour ne voir que sa délivrance, elle fut sur le point de remercier Dieu de son bonheur... Mais bientôt elle revit son père déshonoré, dépouillé, tué par elle, et elle expia sa joie par le plus affreux désespoir.

Alors parut à cheval, à quelque distance de l'escorte, un jeune paysan portant le même costume que les paotred, avec un large chapeau rabattu sur ses yeux. Trois de ceux-ci le joignirent sur un coup de sifflet, et ils rapportèrent un papier à la jeune fille.

Ce papier était la quittance octroyée par le Pillaouer à Liskoët, et Aliénor se retourna en poussant un cri de reconnaissance.

Le jeune paysan n'était plus là !...

De qui venaient tant de soins, tant de générosité, tant de dévouement, joints à cette violence muette et inexplicable? Les conjectures de la jeune fille flottaient entre messire Alain, Lestialla et le Pillaouer lui-même, et elle n'était pas éloignée de croire à un miracle de la Providence...

Cette pensée la ramena au souvenir de sa mère, et, tirant de son sein la croix et la lettre de la baronne, elle les baisa avec une tendresse mélancolique.

Elle marcha ainsi pendant deux heures au milieu de ses silencieux compagnons, entourée des égards les plus attentifs et les plus minutieux, garantie de la chaleur et du frais, de la poussière et du vent; et le soleil allait se coucher lorsqu'elle arriva en face de la mer. Aussitôt la plus belle maison du village fut mise à sa disposition; ce fut à qui préviendrait ses moindres désirs et ses moindres fantaisies. Deux femmes la gardèrent dans sa chambre, tandis que les paotred faisaient sentinelle au dehors; et le lendemain matin, par une tiède brise, la plus grande chaloupe du Gabelon la conduisit à Clohars.

Ses conducteurs et le mystérieux paysan la suivaient, de loin, dans des barques plus petites.

Après quelques heures de repos à Clohars, elle se remit en marche entourée d'une troupe plus nombreuse, et cette troupe s'accrut encore de village en village, jusqu'à former une petite armée... Aliénor vit qu'elle traversait un pays dangereux, et le nom de La Fontenelle, prononcé tout bas, la fit frémir d'épouvante...

Mais l'inconnu la suivait toujours à distance, et cette vue la rassurait comme celle d'un ange gardien.

A Gouesnac'h, le plus triste tableau vint affliger les yeux d'Aliénor. Pillée et décimée tour à tour par La Fontenelle, par les Espagnols et par les Royaux, la population de ce bourg était en proie aux horreurs de la famine et du mal jaune. « C'était, dit le chanoine Moreau, un mal de tête et de cœur seulement, qui ne produisait aux malades ni aux morts aucune marque extérieure, si ce n'est qu'ils jaunissaient du visage. Le mal jaune emportait son homme en vingt-quatre heures; et, si le malade passait le troisième jour, il en échappait. » La plupart des chaumières de Gouesnac'h étaient incendiées ou désertes. Ceux-là seuls y restaient que la douleur ou la faim clouait, non pas sur leurs lits, car il n'en restait peut-être pas un dans le bourg, mais sur le seuil de leurs portes abattues, sur les décombres de leurs habitations et sur les cendres de leurs meubles, « le tout étant brûlé ou emporté par les hommes de guerre, si bien que les pauvres gens n'avaient pour retraite que les buissons où ils languissaient quelques jours, mangeant de la vinette (oseille sauvage) et autres herbages aigrets; et même n'avaient moyen de faire aucun feu, de crainte d'être découverts par l'indice de la fumée; et ainsi mouraient dans les parcs et les fossés, dans les haies et les garennes, par les rues et sur les places, où les loups les trouvant morts, s'accoutumaient, comme on va voir, à la chair humaine. Il y en avait qui soutenaient leurs misérables jours en faisant bouillir des orties dans l'eau de mer; d'autres mangeaient lesdites herbes toutes crues, et d'autres dévoraient de la graine de lin, qui leur donnait une puanteur qu'on sentait de huit à dix pas, après quoi ils venaient à enfler et jaunir par tout le corps, et, de cette enflure, peu échappaient qui n'en mourussent. On ne trouvait autre chose que trépassés par les chemins, partie ayant encore la vinette ou graine de lin dans la bouche, partie déjà mangés des loups, et quelques-uns tout entiers, jusqu'à la nuit, qu'ils leur servaient d'aliments, sans qu'ils eussent d'autre sépulture. Les plus misérables agonisants, presque tous nus, fors quelques drapeaux pour couvrir leur honte, sans logement ni couverture que les hangars ou étaux publics, cherchaient du fumier où ils s'enterraient dedans, grelottant la fièvre, et où toutefois ils n'étaient guère de temps qu'ils n'enflassent fort gros, avec cette couleur qui les faisait incontinent mourir. »

Aliénor ne put supporter un tel spectacle sans verser un torrent de larmes; elle maudit la guerre civile, sa religion qui en était la première cause, les brigands français comme les brigands espagnols; et quelques jeunes gens moins défaillants que les autres ayant imploré sa charité pour courir chercher des secours à la ville, elle allait leur donner le seul trésor qui lui restât, la croix d'or de sa mère, lorsqu'un de ses guides lui arrêta la main, et rejoignit le paysan au grand chapeau. Cinq minutes après, il revint avec une bourse pleine d'or, qu'il remit à la jeune fille, et qu'elle distribua aux plus malheureux affamés...

Au lieu de s'avancer directement par Bodivit et Plomelin, le cortége, sur les informations de ses éclaireurs, fit un détour de plusieurs lieues par le Kosker, Tréogat et Peumerit, et se trouva aux approches de la nuit dans les environs de Pluguffan. Là, de nouvelles misères apparurent aux yeux d'Aliénor, en attendant les périls qui devaient suivre de près. Elle vit de pauvres pen-ty, décharnés par la souffrance et la faim, couverts de haillons moins effrayants que leurs figures, sortir comme des fantômes des taillis et des clos de genêts; se réunir en troupes à l'ombre des talus et des grands chênes, mettre le feu aux ajoncs de la lande pour y jeter un reste de semence, s'atteler comme des bêtes de somme à la charrue commune, ou même s'accroupir sur le sol et creuser la terre avec leurs ongles, afin d'avoir quelques grains de blé l'année suivante, si les brigands n'en faisaient pas manger l'herbe à leurs chevaux !...

Bientôt, à l'heure où l'épouvante descend avec l'obscurité sur la terre, au milieu du morne silence qui absorbait jusqu'aux plaintes de la douleur, le cri sinistre et terrible de la hue du loup retentit sur les hauteurs de Coatfao.

— *Arz-ar-bleiz !... Arz-ar-bleiz !...*
(Arrête le loup ! Arrête le loup !)

cria d'abord une voix éclatante, à quelques centaines de pas de l'escorte.

Et, répété sur un point plus éloigné, puis sur un point plus éloigné encore, puis multiplié par les conques des pâtres et par les échos successifs, de colline en colline, de plaine en plaine, de village en village, la formidable clameur remplit toute la campagne, et fut suivie d'un silence plus affreux que celui qui l'avait précédée.

Alors quiconque avait un asile sous le ciel s'y réfugia en invoquant son patron, et quiconque avait un reste de vie à défendre s'arma comme aux approches de l'ennemi.

C'est qu'en effet l'ennemi le plus impitoyable et le plus acharné de la Cornouaille allait paraître; celui dont la rage sanguinaire suppléait au nombre, et qui arrivait, après la guerre, la peste et la famine, pour attaquer plus sûrement des malheureux sans force et sans défense...

« Il est impossible, s'écrie le témoin oculaire de ces désastres; il est impossible de raconter par écrit toutes les pauvretés que nous avons vues et souffertes des loups en ce bas pays; et s'il était possible de les pou-

voir raconter, on les estimerait des fables et
non des vérités. Et combien qu'il semblerait
peut-être que, des quatre persécutions, celle
des loups était plus évitable; néanmoins
c'est chose horrible à réciter, ce qu'ils faisaient de maux!.. S'étant habitués à vivre de
chair et de sang humains, par l'abondance
des cadavres que leur servit d'abord la guerre,
ils trouvèrent cette curée si bonne et appé-
tissante, que dès lors et dans la suite, jusqu'à
sept et huit ans, ils attaquèrent les hommes
étant même armés, et personne n'osait plus
aller seul. Quant aux femmes et enfants, il
les fallait bien enfermer dans les maisons;
car si quelqu'un ouvrait la porte, il était le
plus souvent happé jusque sur le seuil. Et
s'est trouvé plusieurs femmes, au sortir tout
près de leurs demeures pour chercher de
l'eau, avoir eu la gorge coupée, sans pouvoir
crier à leurs maris, qui n'étaient qu'à trois

pas d'elles, même en plein jour!... La paix faite, les portes des villes demeurant ouvertes, les loups s'y promenaient toutes les nuits jusqu'au matin; et aux jours de marché, les venderesses de pain et autres regrattières, qui se levaient matin pour prendre leurs places, les ont souvent rencontrés sur leur route... et ils emportaient la plupart des chiens qu'ils trouvaient sur la rue... Ils blessaient les gens au milieu de la ville; et sans le secours et cri que l'on faisait, criant au loup, ils les eussent mangés... Ils avaient cette finesse de prendre toujours à la gorge, si faire se pouvait, pour empêcher leurs victimes de crier; et, s'ils avaient loisir, ils savaient dépouiller sans endommager les robes ou habits, ni les chemises même, qu'on trouvait ensuite tout entières auprès des ossements des dévorés...

« Dès le commencement de leur furieux

ravage, ils ne laissèrent dans les villages aucun chien, comme si par leur instinct naturel ils eussent projeté qu'ayant tué les gardes, qui sont les chiens, ils auraient bon marché des choses gardées ; et avaient cette finesse que, quand il y avait quelque mauvais chien en un village et de défense, ils fussent venus en bandes vers ce village, et se fut l'un d'eux avancé jusqu'à bien près de la maison. Les autres demeuraient un peu cachés derrière, comme en embuscade ; celui qui s'était avancé, se sentant découvert par le chien et suivi, se retirait d'où il était venu, jusqu'à ce qu'il l'eût attiré aux embûches, et lors tous ensemble se ruaient sur le chien et le mettaient en pièces... Telles ruses de ces bêtes sont à peu près semblables à celles de la guerre, et mirent dans l'esprit du simple peuple une opinion que ce n'étaient pas loups naturels, mais que c'étaient des soldats déjà trépassés qui étaient ressuscités par la permission de Dieu, pour affliger les vivants et les morts; et communément parmi le menu peuple les appelaient-ils en leur breton *tut-bleiz* (1), c'est-à-dire *gens-loups;* ou que c'étaient des sorciers en ce pays, comme en plusieurs autres contrées de la France. Cette dernière raison, ajoute naïvement le chroniqueur, n'eût été hors de propos, attendu que les plus graves auteurs disent que les sorciers sont des anthropophages ou des mangeurs de chair humaine, et surtout de la chair des petits enfants sans baptême. Ainsi, ces cruels animaux, bien qu'ils assaillissent indifféremment tout âge et sexe, les trouvant à leur commodité, néan-

(1) Les Bretons appellent aussi le loup *Jann-ar-bleiz* (Jean-le-loup.) Et il y a en Cornouaille, depuis l'époque de la Ligue, mille traditions sur les loups-garous qui se racontent aux *fileries*, et dans lesquelles ce vieil ennemi des paysans est personnifié sous les formes les plus diverses et les plus terribles.

moins ils poursuivent avec plus grande fureur une femme grosse qu'une autre... »

Les paotred en eurent sous les yeux l'épouvantable preuve, au sortir de la paroisse de Pluguffan. « Une pauvre femme, pressée du mal d'enfant, rentrait de la ville chez elle, lorsqu'à dix ou douze pas de sa porte, un loup fauve et affamé, « montrant ses dents blanches, » semble sortir de terre. En un clin d'œil, la malheureuse est renversée. L'animal lui fend les entrailles, « tire et emporte le fruit, laisse la mère toute palpitante, » et trace une ligne de sang jusqu'au bois voisin. Les villageois qui étaient en avant ne s'aperçurent de rien, mademoiselle du Liskoët elle-même ne vit que le loup, « parce que la victime ne jeta aucun cri ; » et les paotred qui venaient derrière « ne purent arriver assez à temps, tant cela fut expédié promptement, par un seul coup !... »

Et de colline en colline, les échos se renvoyaient toujours la hue lointaine :

— *Arz-ar-bleiz! Arz-ar-bleiz!...*

Dans leur empressement à porter secours, les gardiens d'Aliénor l'avaient laissée tremblante, ignorant ce qui venait de se passer; de sorte que ni eux ni elle ne s'aperçurent que le loup n'était point seul, mais que dix autres têtes, aigues et menaçantes, écartaient le feuillage des talus.

A peine la jeune fille fut-elle isolée de son cortége, que toutes ces têtes s'élancent à la fois dans l'ombre, et, les crocs découverts, le poil hérissé, les yeux étincelants, sautent au poitrail et au ventre de son cheval... Aliénor pousse un cri perçant, s'accroche à la bride et à la selle, et va tomber sous la dent des monstres, quand un défenseur inespéré vient à son aide. Ce défenseur est un énorme chien qui surgit on ne sait d'où.

Plus terrible que les loups eux-mêmes, il les prend à la gorge, en ennemi habitué à cette guerre, il abat d'un seul coup le premier qui lui résiste, en fait autant du second et du troisième; puis, tandis qu'Aliénor éperdue vide les arçons, il se place, rugissant et la gueule ensanglantée, entre elle et les derniers assaillants. Tout cela s'était passé si rapidement, que les paotred n'en savaient rien encore; et les loups, excités par l'odeur du sang et par l'ardeur de la lutte, semblaient loin de renoncer à la victoire.

C'est alors qu'apparaît un nouvel adversaire, le jeune homme au large chapeau. L'épée d'une main et la pistole de l'autre, il fond sur l'effroyable troupe, il en frappe et en disperse la moitié, tandis que l'autre moitié s'attache écumante à ses guêtres de cuir, et jusqu'au fer de son glaive. Enfin le double canon de sa pistole ajuste les deux têtes les plus acharnées, les abat l'une sur l'autre, et met le reste en fuite au bruit de la détonation.

Aussitôt les paotred accourent, et relèvent la jeune fille évanouie. Son sauveur s'assure en frémissant qu'elle n'a aucun mal, et il reconnaît l'heureux hasard qui a secondé son courage, en voyant à dix pas le cadavre du cheval en lambeaux. Sans cette proie abondante livrée à leur aveugle rage, nul doute que les loups, malgré toute résistance, n'eussent dévoré une victime plus délicate !...

Au bout de quelques instants Aliénor revient à elle;... un nouveau cheval la reçoit sur ses reins dociles; une main sûre le conduit par la bride; le chien et le paysan libérateurs disparaissent, et la troupe reprend sa marche en serrant les rangs, tandis que les échos répètent toujours le signal formidable:

— *Arz-ar-bleiz !* — *Arz-ar-bleiz !*

Cependant la confiance a succédé à la terreur chez la jeune fille, car elle a cru voir les cheveux blonds de Lestialla flotter sous le large chapeau de l'inconnu....

L'escorte dut s'arrêter à Coatfao pour y passer la nuit, et la plus périlleuse épreuve lui restait encore à subir. Après quelques heures d'un sommeil agité, Aliénor fut réveillée, au point du jour, par des cris farouches et un grand cliquetis d'armes. Des détonations de mousquets et d'arquebuses s'y joignirent bientôt, et elle sentit qu'un combat se livrait autour de sa demeure. Elle resta pâle, immobile, agenouillée près de son lit, jusqu'à ce que le bruit cessât de se faire entendre... Alors, seulement, elle s'approcha tremblante d'une fenêtre; mais elle recula bientôt d'horreur et d'effroi. Dans une lande voisine, que l'ombre avait dérobée la veille aux yeux des paotred, une multitude de cadavres étaient étendus sur l'herbe ensanglantée, les uns déchirés ou percés de blessures militaires, et les autres portant les marques des plus abominables supplices; ceux-ci brisés dans tous leurs membres à coups de pioche ou de marteau, ceux-là enfouis dans la terre jusqu'à mi-corps et sciés en deux, quelques-uns se tordant encore dans les convulsions de la soif et de la faim, la plupart environnés des instruments de torture qui avaient prolongé leur agonie. A l'affreuse pancarte qui dominait ce spectacle, et qu'elle avait déjà vue sur la route de Concarneau : *Au nom du Père, du Fils et du Saint-Esprit, guerre aux vivants, paix aux morts. Ainsi soit-il!* Aliénor reconnut le passage de La Fontenelle, et on lui apprit ce qui était arrivé. Le sanglier de la Cornouaille était venu les jours précédents à Coatfao, dont il avait pris et pillé le manoir, et laissé les défenseurs dans l'état qu'on a vu. Informé durant la nuit, par ses espions, qu'un nouveau butin, qu'une demoiselle de haute naissance et de grande beauté, l'attendait sur le théâtre de son premier exploit, il avait attaqué les paotred au point du jour, avec une petite troupe; mais il avait bientôt vu qu'il comptait sans ses hôtes. Ceux qu'il croyait surprendre l'avaient surpris lui-même, l'avaient enveloppé de leurs bandes nombreuses, et l'avaient fait prisonnier. Aliénor reconnut le brigand à sa taille gigantesque, à son panache noir, à son pourpoint brodé d'or, et surtout à la rage qu'exprimaient ses gestes et ses regards. Il était debout et garrotté au milieu de ses victimes, sous la garde de vingt paysans, dont quelques-uns tenaient un cheval par la bride. La Fontenelle fut attaché par les pieds et par les mains sur ce cheval, et conduit ainsi en tête du cortége... Au même instant les paotred amenèrent à mademoiselle du Liskoët une riche litière, et lui offrirent, de la part du vainqueur de La Fontenelle, un écrin de diamants enlevé au bandit... Aliénor prononça involontairement le nom de Lestialla, les paotred sourirent sans répondre, et l'escorte se remit en marche.

Deux heures après, Aliénor était installée près du prieuré de Lok-Maria, dans la même chambre où elle avait passé les plus paisibles jours de sa vie, et la sœur converse qui devenait sa gardienne et sa servante, lui remettait une lettre ainsi conçue :

« Je vous ai enlevée à votre père, mais je
« vous confie à Dieu! Libre catéchumène, vous
« serez ici comme ma sœur, et je serai près de
« vous comme un frère, jusqu'au jour où nos
« destins s'accompliront. Sans moi, Rustéfan
« serait aujourd'hui votre prison, et peut-être

« votre tombeau. J'espère avoir rempli les vo-
« lontés du ciel, de votre mère et de votre
« cœur. M. le baron est à quelques pas de
« vous dans Kemper, avec l'armée royaliste.
« Vous aurez tous les jours de ses nouvelles,
« et il aura tous les jours des vôtres. Le sort
« des combats va décider entre sa cause et
« la mienne; priez pour celle qui doit nous
« sauver tous en sauvant la Bretagne, et si
« vous pardonnez à celui qui vous a sauvée
« vous-même, dites-le-lui par un seul re-
« gard. »

Aliénor se retourna en tressaillant. La religieuse venait de sortir, et Lestialla se tenait debout sur la porte...

C'était le moment des explications et des aveux... Ils furent aussi touchants qu'irrévocables. Mademoiselle du Liskoët apprit qu'elle avait devant elle le plus terrible ennemi du roi de France, le célèbre chef des paroisses kernewotes, l'homme que son propre père appelait un brigand, en un mot Mor-Vaniel le Ligueur!... Et quand Mor-Vaniel demanda à la jeune Bretonne si elle maudissait aussi le défenseur de la vieille Bretagne, il emporta pour réponse et pour gage la croix d'or de madame du Liskoët...

A partir de ce moment, Aliénor revit tous les jours celui qu'on appelait « son frère, » et dont la respectueuse tendresse méritait, en effet, ce titre. Quand elle cessa de le voir, elle reçut chaque matin les nouvelles qu'il lui avait promises, et une semaine entière se passa ainsi.

Or, durant cette semaine, la voix maternelle parla plus puissamment que jamais, dans la solitude, au cœur d'Aliénor. La lettre de la baronne et les instructions du recteur de Pont-Aven furent l'objet de toutes les méditations et de tous les rêves de la jeune fille.

Plus d'une fois, entraînée par les paroles de sa pieuse gardienne, et par le son de cloche du couvent, la catéchumène pénétra, tremblante d'une émotion inconnue, dans la petite église du prieuré... Là, au souvenir de son baptême catholique, elle se baptisa elle-même de ses propres larmes, et se sentit chaque jour plus rapprochée de Dieu... Là surtout, cachée parmi les fidèles du village, elle ne put voir sans attendrissement, et quelquefois sans envie, sa cousine passer et repasser dans le chœur de la chapelle, derrière la grille qui les séparait encore...

Cependant une grande nouvelle qu'on lui annonça l'empêcha de se faire reconnaître à Blanche... Celle-ci allait prendre l'habit et prononcer le vœu des Bénédictines le dimanche suivant, le jour même où monseigneur Charles du Liskoët, profitant d'une trêve de vingt-quatre heures entre les Ligueurs et les

Royaux, ferait à Lok-Maria et à Kemper sa première entrée épiscopale. Aliénor ne voulut pas troubler l'âme de sa cousine, au moment où celle-ci allait se détacher du monde; mais elle demanda à la sœur converse une place au chœur, pour assister au vœu de mademoiselle de Tré-Anna.

Le samedi soir, monseigneur du Liskoët, selon le cérémonial observé depuis des siècles, vint avec sa suite demander l'hospitalité au couvent de Lok-Maria. La prieure lui accorda cette faveur, mais en s'emparant de son riche manteau, comme elle en avait le privilége. Ensuite elle se fit apporter un plateau et une aiguière, et proposa à l'évêque de lui laver les mains et le visage; l'évêque accepta cet honneur, et donna au couvent ses gants et sa mitre, pour être joints à ceux de ses prédécesseurs. Le lendemain matin, la prieure entra dans la chambre de son hôte, et elle lui demanda s'il avait une bourse; il lui montra l'aumônière de velours qu'il portait à la ceinture, et la prieure en retira tout l'or et l'argent qu'elle contenait (la somme ne pouvait être moindre de quarante sous d'argent). Alors la cloche de la chapelle fut mise en branle, et l'évêque alla, la crosse en main, présider au vœu de la novice.

Dans le chœur, derrière la grille, étaient rangées les religieuses, vêtues de la grande robe noire, de la guimpe blanche et du petit capuce, ayant à leur tête la prieure, bullée du pape, dame de Lok-Maria et de Lequilliou-les-Kemper, armée de la crosse et de la croix comme monseigneur l'évêque; à droite, se tenaient le chapitre et les sœurs professes; à gauche, les converses, les novices et les postulantes. Les grandes et les petites pensionnaires du couvent occupaient le devant de la grille; l'évêque et le clergé, le fond du chœur; et les fidèles assistants, la grande nef.

Aliénor était placée entre le chœur et l'église, à côté de la portière qui communiquait à la sacristie. C'est de là qu'invisible à tous les yeux, agenouillée sur la pierre nue, elle suivait la cérémonie sacrée avec une émotion indicible, et sentait planer au-dessus d'elle l'ombre lumineuse et voilée de sa mère.

Lorsque l'évêque monta à l'autel, Blanche fut amenée par deux sœurs, et sa cousine ne put la reconnaître sans frémir. Elle portait toutes les parures et tous les ornements du monde : grande robe de satin blanc, corsage de velours vert, écharpe de gaze, templettes écussonnées, souliers de soie, voile brodé d'or. Toutes les pierreries et tous les bijoux du couvent brillaient sur son front, sur son sein, dans ses cheveux, à ses doigts; mais l'éclat de cette toilette ne rendait que plus saississantes et plus douloureuses à voir la pâ-

leur de son visage et la faiblesse extrême de
ses mouvements. Assise dans le grand fauteuil de velours rouge à clous d'or, disposé
pour elle au milieu du chœur, elle attendit
le moment décisif avec une résignation entrecoupée d'élans soudains vers le ciel, et de
retours mélancoliques vers la terre. Enfin la
prieure et les religieuses se levèrent, et l'évêque donna le signal du sacrifice. La postulante, allant se jeter aux genoux de sa maîtresse devant Dieu, lui demanda la grâce
d'être reçue parmi les épouses du Seigneur,
dans l'ordre de Saint-Benoît, abbaye de
Saint-Sulpice, prieuré de Lok-Maria. La
prieure lui répondit qu'elle était admise à
faire ses vœux, et l'évêque, se tournant vers
elle, lui adressa une allocution qui retrempa
son courage dans un ruisseau de larmes. Un
passage de cette allocution fit allusion aux
égarements religieux du baron de Rustéfan

et de sa fille, et ce passage fut si éloquent et si pathétique, qu'Aliénor joignit ses larmes à celles de Blanche, et ne vit plus son oncle qu'à travers un nuage, comme les prophètes de l'ancienne loi... L'exhortation terminée, la postulante fut amenée à droite du chœur, tout près de la place où tremblait sa cousine; et au bruit des chants d'adieu de toutes les sœurs, la mère des novices lui ôta, pièce à pièce, tous les ornements de sa toilette mondaine; le bandeau de perles, le corsage de velours, le vertugadin soyeux, les souliers délicats, les parures et les joyaux tombèrent tour à tour sur les dalles du chœur, et la pieuse chrysalide apparut dans sa jupe blanche, ses beaux cheveux blonds épars sur ses épaules, ses deux mains croisées sur sa poitrine, ses deux grands yeux bleus levés vers le ciel... Bientôt une jupe de bure remplaça la robe de satin. Un grand mouchoir blanc s'étendit comme un linceul sur les épaules de la jeune fille ; on lui mit un cierge à la main droite, un chapelet à la main gauche, une couronne d'épines sur la tête, et on la reconduisit en face de l'autel. Là plus de fauteuil doré, mais la pierre froide et nue... Blanche s'agenouille pour la seconde fois devant la prieure, et celle-ci remet la grande robe de laine noire, la guimpe et le scapulaire au diacre officiant, qui les expose sur la nappe de l'autel. L'évêque bénit les saints vêtements à haute voix, et le diacre les reporte à la prieure. Alors elle prend tour à tour chaque pièce, entonne un chant répété par les sœurs, et habille, devant tous, la postulante en religieuse... Blanche se remet à genoux au pied de l'autel, la cloche sonne à pleine volée, et sœurs et fidèles chantent le *Te Deum*, pendant que la novice embrasse toute la communauté... Mais quel est ce drap noir traversé d'une croix blanche, que les sœurs converses étendent au milieu du chœur? C'est le drap mortuaire semé de larmes et entouré des quatre cierges funèbres. Blanche le foule d'un pied frissonnant, et se tient immobile au milieu. — *Suscipe me, Domine!* s'écrient toutes les religieuses en son nom. Blanche dit adieu au monde, en saluant les quatre points cardinaux. *Memento, Domine, David,* chantent les religieuses. Blanche se couche sur le drap comme une trépassée dans la bière : — *De profundis clamavi, libera me, Domine!* reprennent les religieuses. La prieure encense trois fois le corps de la novice... *In exitu Israël de Ægypto,* chantent les religieuses... L'évêque apporte l'hostie consacrée sur la grille... La prieure dépose au-dessous la formule des vœux que la nouvelle sœur va prononcer pour jamais... Blanche se relève plus pâle qu'un mort qui ressuscite(1)... mais elle tressaille des pieds à la tête, pousse un cri déchirant, et retombe sur le drap mortuaire...

Mademoiselle de Tré-Anna venait d'apercevoir Aliénor... et ce fut dans ses bras qu'elle revint à la vie!...

Cependant un tumulte inouï avait succédé au calme imposant de la fête... L'évêque avait interrompu l'office... la prieure jeté sa crosse et déchiré son voile; les religieuses avaient répété le cri de la novice... la lourde grille s'était refermée avec fracas, et les fidèles s'agitaient effrayés dans la nef, tandis qu'on emportait Blanche à la sacristie.

Une heure s'écoula dans l'attente la plus inquiète, sans que mademoiselle de Tré-Anna reparût au chœur... Enfin la porte de la sacristie se rouvre subitement... Une jeune

---

(1) Tous ces détails nous ont été donnés par la dernière bénédictine de Lok-Maria, qui existe encore à Brest.

fille s'élance au milieu des sœurs étonnées... Mais cette jeune fille n'est pas la novice! — Qui est-elle donc? — Quelques habitants de Lok-Maria reconnaissent Aliénor... Son nom vole de bouche en bouche... Les plus pieux se scandalisent de la présence d'une calviniste; mais l'évêque, les rassurant par un geste, s'écrie d'une voix inspirée :

— Ce n'est plus un vœu que vous allez entendre, mes frères!... C'est une abjuration, qui ne réjouira pas moins les anges!... Le doigt du Seigneur est ici, et vous êtes les témoins d'un miracle de sa grâce! Mademoiselle du Liskoët va renoncer devant Dieu et devant les hommes aux erreurs de l'hérésie!

A ces paroles, peu s'en faut qu'un cri de joie ne s'échappe de toutes les lèvres; le chant du *Te Deum* interrompu est repris par mille voix, et Aliénor, agenouillée devant l'hostie sainte, prononce son abjuration solennelle entre l'évêque et la prieure...

Or, d'où venait cette étrange révolution ? Du regard jeté par Blanche sur sa cousine, et de quelques mots échangés entre elles dans la sacristie. En apercevant la fiancée de La Noue à deux pas d'elle-même, quand elle la croyait entre les bras de son mari, mademoiselle de Tré-Anna était violemment ressuscitée à l'espérance ; et ces deux âmes fraternelles s'étaient enfin révélées l'une à l'autre... La naïve comédie du Baz-Valan, jouée à la Bonnetière le jour même des fiançailles d'Aliénor, ne s'était point effacée du cœur mélancolique de Blanche... L'éloignement et les années n'avaient fait que développer son amour d'enfant pour Odet de La Noue ; et les préférences de celui-ci pour mademoiselle du Liskoët, l'impossibilité même créée par la différence des religions, avaient poussé cet amour solitaire et silencieux jusqu'à l'exaltation la plus insensée. C'était pour terminer un tel supplice que Blanche était venue s'ensevelir vivante au couvent de Lok-Maria. Qu'on juge donc de son empressement à rejeter la pierre de son tombeau, lorsque Aliénor, lui rendant aveu pour aveu, expliqua la rupture de son mariage!... Mademoiselle du Liskoët ne pouvait mieux consommer cette rupture qu'en se déclarant publiquement catholique... et c'est ce qu'elle avait fait avec cet irrésistible élan, dans lequel son oncle avait reconnu le signe de la grâce.

Aussi Aliénor crut-elle entendre, au milieu des chants de joie qui retentissaient autour d'elle, un chœur de séraphins balancé sur sa tête éperdue, et la voix même, la voix chérie de sa mère répétant l'*Hosanna* de la terre et du ciel...

Une heure après, monseigneur Charles du Liskoët, porté dans une chaise par quatre chevaliers, entrait triomphalement dans Kemper, où il laissait ses bottes et ses éperons au gouverneur de la ville, comme il avait laissé sa bourse et ses ornements à la prieure de Lok-Maria; et les deux cousines, enfermées dans la cellule de Blanche, achevaient leurs mutuelles confidences au milieu des embrassements et des larmes...

XVI

ÉVÉNEMENTS.

— Doué pénigo Mor-Vaniel !...

A ce cri, parti de Concarneau, le tocsin a volé de clocher en clocher dans toute la basse Cornouaille, et cinq mille hommes sont accourus sous la grande bannière. La duchesse de Mercœur les a salués, au passage, du haut des tours de Konk, et son sourire ambitieux a pardonné au Ligueur.

Quels sont ces deux cavaliers qui s'élancent à la fois du pont-levis de la forteresse? Le premier, monté sur un cheval superbe, moins superbe que lui-même, est chamarré d'or des pieds à la tête, et entouré d'une foule de seigneurs plus brillants encore : c'est Philippe-Emmanuel de Lorraine, duc de Mercœur, qui va gagner à la pointe du glaive un titre plus grand peut-être, et qui redevient, en marchant au combat, le digne rival du Béarnais et de La Noue. Le second se fait reconnaître à la grâce énergique de sa petite taille, de son visage vermeil et de sa longue chevelure blonde, à son costume noir surmonté de la plume rouge de la Ligue, à son cheval noir plus rapide que la foudre, et à son chien noir, infatigable compagnon de tous ses périls... c'est Mor-Vaniel le Ligueur, qui ne cache plus aujourd'hui son nom ni sa figure à personne, et qui va mériter Aliénor en sauvant la Bretagne!...

Derrière ces deux chefs s'avance une double armée également formidable : armée de gentilshommes d'une part, armée de paysans de l'autre, animés d'une pensée commune : la délivrance du pays! Et le même signal encourage les deux capitaines et les deux troupes du haut des tours de Concarneau : c'est l'écharpe de Marie de Bretagne, symbole de gloire et de liberté, qui secoue dans l'air la vieille devise brodée d'or, au milieu des hermines d'argent : MALO MORI QUAM FOEDARI!... (Plutôt la mort que l'esclavage!)

L'armée qui va défendre Kemper n'est pas moins imposante. — Mé-Dieu! compagnons! a dit le maréchal, « car c'était son jurement », il s'agit ici d'être dignes de Henri IV! — Et les gentilshommes qui entourent d'Aumont sont déjà dignes de lui-même. Sans parler de Lézonnet, que la soif de la vengeance rendra terrible, le jeune La Noue et le vieux Liskoët montreront ce que peuvent un homme décidé à vaincre et un homme décidé à mourir. Rien n'excite le courage des soldats royaux comme l'exemple de ce vieux baron de Rustéfan, qui, courbé et tordu par la goutte, se fait attacher tous les matins sur son cheval, et brandit son épée au cri de vive le Roi! Un nuage flotte parfois sur son front chauve, au souvenir de sa fille ; car le moyen de l'oublier, lorsqu'une main inconnue lui envoie chaque jour de ses nouvelles? Mais ce nuage se dissipe bientôt au bruit des épées et des arquebuses, et le vieillard ne songe plus qu'à donner au Béarnais le reste de son sang...

— Vive le Roi! — Vive la Ligue! Voilà les deux armées en présence! Pendant trois jours et trois nuits, ces deux cris dominent le bruit des canons, des mousquets et des carabines. Pendant trois jours et trois nuits, Aliénor et Blanche lèvent les mains au ciel, du fond de leur cellule, n'osant exprimer tout haut les vœux opposés que forment tout bas leurs cœurs. A la fin, le premier cri s'éteint au milieu d'un gémissement immense, et le second plane victorieux sur la ville et sur la campagne. Le drapeau blanc disparaît vers la mer, dans un tourbillon de poussière et de fumée, et la grande bannière rouge monte en triomphe sur les deux tours de la cathédrale... Le maréchal d'Aumont, vaincu, se replie contre les Espagnols de Krozon, et le duc de Mercœur et Mor-Vaniel entrent en vainqueurs dans les murs de Kemper!

Le lendemain de ce jour, Blanche était encore toute pâle et Aliénor tout agitée des émotions de la veille, lorsque le messager du

Ligueur entra, tout pâle, et remit ces mots à mademoiselle du Liskoët :

« Dieu a béni Mor-Vaniel, mais il a frappé « votre père... On l'a reporté à Rustéfan « sous bonne garde. Cent hommes sont à « votre disposition pour le rejoindre. »

Et le soir même, Aliénor et Blanche, guidées par les fidèles paotred, arrivaient au galop devant Pont-Aven. Mais, lorsqu'elles approchèrent de Rustéfan, quel horrible tableau frappa leurs yeux !... Le magnifique château du baron était la proie des flammes ! Une foule de figures hideuses, conduites par Alanik Favennek, dansaient le branle autour de cet incendie, qui était leur ouvrage !... Les habitants les laissaient faire ou même les applaudissaient, car Rustéfan n'était pour eux qu'un nid d'hérétiques !... Et maître Salomon, courageux pour la première fois de sa vie, emportait, à travers le feu et la fumée, la belle gouvernante évanouie dans ses bras!

— Mon père!... Où est mon père?... s'écria mademoiselle du Liskoët en s'élançant vers le ministre, au risque de périr avec lui.

Et voici ce que l'infortuné Salomon lui raconta, lorsqu'il se vit en sûreté avec la gouvernante, et qu'il eut remercié le Dieu d'Israël et de Jacob de l'avoir, pour la troisième fois, sauvé des flammes. *Circumdederunt me dolores mortis, et pericula inferni invenerunt me!*

Pendant que les Ligueurs et les Royaux luttaient à Kemper, une bande de La Fontenelle, dirigée par Alanik, guettait l'occasion de s'emparer de Rustéfan... Salomon l'avait bien prévu, lui qui avait passé par les mains de ces brigands, et qui leur devait toujours sa rançon!... Leur fureur avait redoublé à la nouvelle qui leur était parvenue de la prise de leur chef par Mor-Vaniel, aux environs de Pluguffan. Résolus de le venger à tout prix, ils avaient consulté leurs espions et pris toutes leurs mesures, et ils avaient attaqué le château de Rustéfan le matin même, sachant qu'il n'y avait que dix hommes d'armes, deux écuyers et quinze valets. Ces braves avaient refusé de se rendre, malgré les pacifiques exhortations du ministre, et, se partageant la défense des portes et des tours, ils avaient subi un siége dans toutes les règles. Tant qu'ils avaient eu des pierres et de la poudre pour leurs fauconneaux, et des balles pour leurs arquebuses, ils avaient tenu tête aux assaillants, dont quelques-uns même étaient morts sur la place ; mais ceux-ci avaient enfin pénétré dans les cours et les salles basses, tandis que les assiégés se retranchaient dans la grosse tour ; et c'est alors, qu'après avoir enlevé tout le butin dont ils pouvaient se rendre maîtres, les bandits avaient mis le feu au château, et forcé la garnison d'évacuer son dernier refuge. Du reste, le pillage avait séduit les vainqueurs plutôt encore que le meurtre, et puisque Salomon avait pu leur échapper, il était probable que personne n'avait péri.

Cependant, au plus fort de l'assaut, une escorte de paysans avait paru sur la route de Konk. Ces paysans entouraient une charrette à bœufs, traînée avec une lenteur et des précautions sinistres, et cette charrette apportait le baron de Rustéfan, blessé de trois balles et de cinq coups d'épée au siége de Kemper... Les cris de victoire des brigands le rappelèrent violemment à l'existence, et son premier regard tomba sur le château de ses pères, au moment où le feu commençait à le dévorer !... Faisant un effort convulsif pour saisir son épée, il avait voulu s'ensevelir sous les ruines de son manoir; mais sa main n'avait pu soulever le fer, et il était retombé sans connaissance. Alors le triomphe du duc de Mercœur ayant été proclamé à Pont-Aven, un cri de joie universel s'était joint aux hurlements des bandits ; et cette scène avait été terminée par le plus désolant spectacle. Ce noble vieillard, évanoui devant son manoir en flammes, étendu dans cette charrette, sur une litière sanglante, comme eût pu l'être le dernier de ses vassaux, était resté ainsi près d'une heure sans asile et sans secours ! Et quand on l'avait promené dans les rues de Pont-Aven, implorant un abri pour ses souffrances, un lit pour son dernier soupir, toutes les portes s'étaient fermées à l'hérétique; toutes les portes, excepté une seule !... Messire Alain, lançant pour la première fois les foudres d'une sainte colère contre ses ouailles, avait ouvert sa demeure à l'ennemi de son Dieu, et il l'entourait de tous les soins qui pouvaient lui rendre la vie...

— Ah ! nous reconnaissons bien là M. Kérihuel ! s'écrièrent Aliénor et Blanche en essuyant leurs larmes.

Et un quart d'heure après, le baron de Rustéfan avait trois anges gardiens au lieu d'un, autour de son lit de douleur...

Tandis que l'incendie et les pleurs attristaient Pont-Aven, toutes les joies de la victoire régnaient à Kemper-Corentin. Trois mille paotred, courant à Concarneau, en avaient apporté Marie de Bretagne en triomphe. Toutes les cloches de la cathédrale carillonnaient dans les airs... Les processions traversaient la ville au bruit des chants d'actions de grâces. A leur tête, le duc de Mercœur en personne portait la bannière de saint Corentin. Tous les ordres, réguliers et séculiers, mendiants et pénitents de la Ligue défilaient, la croix ou la corde au cou, l'écharpe rouge au bras, le cierge ou le poignard à la main. On voyait reparaître sur les autels, contre les murs des églises, les effigies sanglantes et les tableaux séditieux : Henri III et Henri IV descendant aux enfers, les deux Guises montant au ciel, Jacques Clément couronné des palmes du martyre, etc...

Cependant la victoire de Mercœur n'était pas complète, et il s'agissait d'en profiter immédiatement. La princesse y songea la première et convoqua un grand conseil à l'évêché. Là, tous les amis et tous les adversaires de Concarneau se retrouvèrent en présence : Mor-Vaniel, Tré-Maria, don Juan d'Aquila, les seigneurs de Talhouet, de Belle-Isle, de Rosampoul, de Rostaing, et le sévère prélat Charles du Liskoët. Le coronal ouvrit la délibération, en demandant au prince la moitié de ses forces pour voler au secours des Espagnols, que les Royaux allaient assiéger dans Krozon. A cette condition seule, la grande Armada, partie de Cadix, débarquerait sur la côte ses vingt mille auxiliaires, et chasserait pour jamais les hérétiques de la Bretagne. La promesse était magnifique, mais la demande était dangereuse ; aussi une véritable tempête éclata dans le conseil. Les Bretons s'engagèrent à marcher vers Krozon pour déliver les Espagnols, mais non pour leur ouvrir le chemin de Kemper ; et Mor-Vaniel leur refusa même toute espèce de secours, déclarant que si l'Armada de Philippe II abordait l'Armorique, il se joindrait aux troupes royales contre les troupes étrangères !... Le duc, qui approuvait secrètement cette opinion, n'eut pas l'éloquence de la faire prévaloir ; et se flattant que le Ligueur n'exécuterait point ses menaces, il céda indirectement à celles du coronal... Mais à peine celui-ci avait-il reçu les engagements du prince, que Mor-Vaniel se leva au milieu du conseil, arracha la plume rouge qui flottait sur sa toque, et s'écria en la broyant sous ses pieds :

— Puisque la Ligue et la Bretagne se séparent, je reste du côté de la Bretagne ! Adieu donc, monsieur le duc, jusqu'au jour où les lions castillans ne fouleront plus les hermines armoricaines.—Au revoir, monsieur le coronal, sous les remparts de Krozon !...

Et quittant la salle, malgré le prince et la duchesse, malgré tous les seigneurs bretons, il sortit de la ville avec Tré-Maria, sans retourner la tête, et rejoignit ses bandes sur les hauteurs du Mont-Frugy.

Là, les paotred attendaient ses ordres pour arquebuser La Fontenelle, leur terrible captif, ou accepter les trente mille écus qu'il offrait pour sa rançon. Mor-Vaniel s'approcha du brigand, et lui parla ainsi :

— Veux-tu recevoir gratuitement cette vie que tu rachèterais à un prix si élevé?

— Je le veux.

— Veux-tu réparer en un seul jour dix années de brigandages, de vols et d'assassinats?

— Je le veux.

— Veux-tu rendre à la Bretagne, par un coup d'épée, plus de services que tu ne lui as fait de maux avec tes milliers de bandits?

— Je le veux.

— Combien peux-tu réunir d'hommes, d'ici à cinq jours?

— Deux mille.

— Eh bien, va les chercher! Tu es libre et sauf! Si tu m'amènes ces deux mille hommes au jour convenu, devant les remparts de Krozon, je te rendrai cette somme de trente mille écus que tu m'offrais pour rançon, et que je retiens comme gage de ta foi!...

— J'accepte, et je te remercie ! Dans huit jours, sous les remparts de Krozon !...

Le surlendemain, don Juan d'Aquila amenait, au secours de ses compatriotes assiégés par Lézonnet et d'Aumont, la moitié de la garnison de Kemper, avec les régiments commandés par lui-même. Le siége dura plusieurs jours, et la résistance ne fut pas moins acharnée que l'attaque. Si les Espagnols tenaient bon jusqu'à l'arrivée de l'Armada, ils étaient maîtres de la Cornouaille ; et si le maréchal leur enlevait le fort de Krozon, la ville de Kemper retombait en son pouvoir !... Deux héros se signalèrent surtout à ce siége mémorable : Praxède du côté des Espagnols, Romégou du côté des Français. Quatre assauts furent donnés et repoussés en un seul jour, au milieu de l'orage le plus horrible qu'on eût jamais vu sur cette côte. « Après le dernier de ces assauts, il

« fut trouvé par les Français dans des préci-
« pices, du côté de la mer, quatorze ou
« quinze Espagnols, que le maréchal, pre-
« nant compassion de leurs désastres, ren-
« voya humainement sans rançon à leur chef
« don Juan, avec lettres testimoniales de
« leur vertu et du devoir qu'ils avaient fait
« à la défense de la place. Don Juan, les
« voyant, leur demanda : — D'où venez-
« vous, misérables? Ils répondirent par la
« bouche d'un : — Nous venons de parmi
« les morts. — Or, dit don Juan, vous ne
« devez pas survivre!... Et il allait les faire
« pendre,... » sans la grande nouvelle qui
lui fut apportée aussitôt... Cette nouvelle
était l'arrivée de l'Armada en vue de Saint-
Pol de Léon!... Il ne restait donc plus à
chaque parti que vingt-quatre heures pour
vaincre ou mourir!... Ce fut alors qu'un
poids inattendu tomba dans la balance... et

ce poids n'était autre que l'épée de Mor-Vaniel. Les assiégeants venaient de faire une sortie si terrible, que les Royaux commençaient à désespérer d'eux-mêmes. Encore une heure de résistance, et ils périssaient d'épuisement ; et la domination de Philippe II était établie en Cornouaille !... Tout à coup un nuage de poussière ardente s'élève sur la côte... Une armée tout entière sort de ce nuage, et les combattants se demandent à qui Dieu envoie un tel secours ? Les Français se croient perdus en voyant la grande bannière bretonne flotter aux premiers rangs, et en entendant le terrible cri des paroisses :

— Doué pénigo Mor-Vaniel !...

Mais ce cri n'a pas plutôt ébranlé les airs, qu'un autre cri s'y mêle et va, cette fois, terrifier les vainqueurs : — Mort aux Espagnols ! et Bretagne aux Bretons !

Au même instant, Mor-Vaniel apparaît sur son cheval noir, précédé de son chien rugissant... Cinq mille épées sortent du fourreau derrière la sienne... Saint Georges en personne et ses bataillons exterminateurs ne seraient pas plus impétueux et plus irrésistibles ! Le fer du Ligueur trace autour des Espagnols un cercle étincelant d'où pas un ne sortira ! L'épouvante saisit aux entrailles ces guerriers invincibles depuis dix jours. Ils reculent et roulent éperdus les uns sur les autres; la mer dévore ceux qu'épargne le glaive ; leurs palissades incendiées les engloutissent au milieu des flammes... et Mor-Vaniel, suspendant sa main foudroyante, demande en vain merci pour ceux qui tiennent encore. La Fontenelle et Tré-Maria, champions du ciel et de l'enfer, poussent les paotred et les bandits au carnage, comme le vent furieux qui précipite un double torrent. Six épées se sont brisées sous l'effort de leurs bras, et ils frappent encore, ils frappent toujours!... Les signes de croix et les blasphèmes raniment les forces épuisées de l'un et de l'autre, et entrés les premiers dans la forteresse croulante, ils en abattent le dernier défenseur, au nom de Dieu et de Satan!...

Mor-Vaniel laisse alors les Français prendre possession de sa conquête; et se dérobant au triomphe qu'ils lui préparent à grands cris, il s'élance avec les paotred à la poursuite des Espagnols... Mais — ô triste revers d'une si belle victoire! ô trahison digne de ses lâches inventeurs!... — le guide qui précipite les paysans contre les fuyards leur vient secrètement de Lézonnet!... Caché sous un nouveau déguisement, ce guide n'est autre que Luk-er-Moué, l'espion de don Juan d'Aquila; et jeté dans le piége dressé par ces trois complices, le Ligueur est surpris au fond d'un ravin par le coronal en personne. Cent hommes l'ont déjà garrotté et dirigé sur Kemper, lorsque ses braves paotred volent à son secours ; et il ne leur reste plus qu'à venger sa perte, en prodiguant leur sang généreux...

Aussitôt les cris victorieux poussés par les paroisses expirèrent dans un seul cri de douleur. Abattue comme par un coup de foudre, la grande bannière roula dans la fange des chemins ; une armée de fantômes balayée par un ouragan n'eût pas disparu plus vite, et le tocsin de deuil, parti des clochers de Kamaret et de Krozon, sonnait avant la nuit jusque dans le pays de Tréguier...

XVII

LES DEUX AMOURS.

Maître absolu de la personne de son prisonnier, suivant les terribles lois de cette guerre, don Juan d'Aquila n'avait qu'un mot à dire pour faire arquebuser le Ligueur; mais à l'ambitieux Espagnol trahi dans ses projets, mais à l'amant jaloux et offensé de

Marie de Bretagne, il fallait une vengeance plus éclatante !

Un Conseil de la Ligue accompagnait partout le duc de Mercœur, jugeant en dernier ressort tous les crimes et tous les délits, et se renouvelant, selon les déplacements du prince, dans le clergé, la magistrature et la noblesse. Il se composait alors, à Kemper, de l'évêque, de deux chanoines conseillers au Présidial, des seigneurs de Belle-Isle, de Rostaing et de Rosampoul, tous ennemis publics ou rivaux secrets de Mor-Vaniel.

Don Juan livra le Ligueur à ce conseil. Accusé d'avoir passé à l'ennemi en plein combat, c'est-à-dire du crime le plus capital qui se pût commettre, Mor-Vaniel sentit dès le premier jour que toute défense était inutile ; et disant adieu à son beau rêve, il se consola de mourir pour son pays, après l'avoir affranchi du joug espagnol.

Deux pensées seulement vinrent troubler sa résignation. Il craignit que le duc, ou plutôt que la duchesse de Mercœur ne compromît la cause de la Bretagne en essayant de le sauver. Puis il se souvint d'Aliénor, et il pleura ses premières larmes !...

— Oh ! lui qui avait rêvé une vie si glorieuse et si belle, à partager avec cette enfant !... lui qui n'avait plus, depuis son abjuration, qu'un pas à faire pour la posséder à jamais !... Oh ! si du moins, à son dernier jour, il pouvait la presser une seule fois contre son cœur !...

Telles étaient les pensées du Ligueur, dans la tour de l'ancien château qui lui servait de prison. Du haut de cette tour, située à l'angle du jardin des Cordeliers et de la rivière de Steïr, tout près du confluent de l'Odet, le regard du captif embrassait les lieux qui lui rappelaient les plus cruels souvenirs. En face de lui, derrière le Parc Ar-Hostik, l'Odet fuyait vers les rivages qui avaient vu sa chute si près de son triomphe. Au delà, s'étageaient les frais ombrages du mont Frugy, sur lequel l'attendaient peut-être encore ses derniers paotred ; et plus loin fuyait, à travers la lande inculte et les champs ravagés, la longue route qui menait au château de Rustéfan !... A droite, s'étendait l'avenue de chênes et d'ormeaux qui aboutissait au prieuré de Lok-Maria ; et à côté des clochetons de la chapelle s'élevait le toit aigu de la petite maison qui avait entendu le premier aveu d'Aliénor !... Tout autour du Ligueur, l'Angelus du soir sonnait aux Sœurs Hospitalières, à l'église de Sainte-Catherine, aux tours de la Cathédrale, à l'admirable chapelle de Saint-François, au Gué-Odet et à Saint-Nicolas. Il lui semblait que toutes ces cloches s'entendaient pour sonner sa dernière heure, et que sa vie allait s'éteindre avec le soleil qui s'abaissait derrière le manoir de Kerlo.

Tout à coup, il tressaille de surprise, à l'aspect d'un vieillard qui vient de traverser la rivière, et qui s'arrête à considérer la tour du château... Ce vieillard, Mor-Vaniel l'a reconnu à sa douce figure et à ses cheveux blancs, non moins qu'à ses pauvres et vénérables habits... C'est messire Alain, le recteur de Pont-Aven, suivi d'un adolescent qui doit être un de ses enfants de chœur. Tous deux longent avec précaution le quai du Steir et la rue au Scel, reparaissent devant le pont-levis du château, présentent un papier à la sentinelle, et arrivent à la chambre du prisonnier...

Mor-Vaniel pousse un cri de joie, tandis que la porte se referme sur eux,... car l'enfant de chœur, en ôtant son grand chapeau, a montré la pâle et belle figure d'Aliénor!...

Elle raconte au Ligueur éperdu qu'elle a su son malheur la veille à Rustéfan, qu'elle a confié son père convalescent aux soins de sa cousine... et qu'elle vient le sauver lui-même, avec M. le recteur de Pont-Aven....

— Me sauver!... Eh! comment cela, grand Dieu? demande Mor-Vaniel avec un élan d'espérance...

— Votre juge le plus terrible... est mon oncle, monseigneur Charles du Liskoët... répond Aliénor d'une voix inspirée. Il sait que vous avez été mon ravisseur... et comme tel il vous condamnerait à mille morts... mais sans doute il respectera vos jours, quand il saura que vous êtes mon mari!

— Votre mari, Aliénor!... s'écrie le Ligueur, en ouvrant ses deux bras à mademoiselle du Liskoët.

Et telle est son émotion, sa reconnaissance

et son délire, qu'il ne saurait ajouter une parole de plus ; mais, appréciant le complice autant que l'auteur de ce dévouement sublime, il réunit la jeune fille et le vieillard sur sa poitrine et sous ses larmes.

Messire Alain raconte à son tour comment il s'est introduit près du captif, en qualité de confesseur.... Et tirant de sa robe l'image du Christ et les ornements sacrés, il s'apprête à unir devant Dieu M. de Portzampark et mademoiselle du Liskoët...

Mais il est interrompu par une immense clameur qui, s'élevant de tous les points de Kemper, semble ébranler la vieille cité jusque dans ses fondements, — et dont on va trouver l'explication dans la scène qui se passait à l'hôtel de ville.

L'hôtel de ville de Kemper était alors situé au-dessus de l'église du Gué-Odet. Dans la salle qui en occupait toute la longueur, le duc de Mercœur délibérait avec Marie de Bretagne et ses conseillers intimes. De grands secrets et de terribles paroles s'échangeaient entre eux, à en juger par le soin avec lequel les portes étaient fermées au dedans et gardées au dehors. Le prince de Lorraine était plus incertain et plus troublé que jamais; une pâleur inaccoutumée couvrait son visage, et il n'osait lever les yeux sur la duchesse, de peur de rencontrer son regard ferme et résolu. Il s'agissait de la victoire remportée par les Royaux, grâce à l'intervention de Mor-Vaniel, et des moyens de réparer cet échec en frappant un coup décisif... Si, malgré le désastre de Krozon, l'Armada de Philippe II débarquait ses vingt mille hommes, c'en était fait sans doute des Français en Bretagne... Mais (outre qu'on n'avait point de nouvelle de cette flotte depuis deux jours) la puissance même d'un tel secours ne serait-elle point fatale au duc de Mercœur, et après avoir conquis l'Armorique en allié, le roi d'Espagne ne l'occuperait-il point en maître?...

— Voilà pourquoi Mor-Vaniel n'a pas commis un si grand crime!... s'écria vivement Marie de Bretagne, tandis que le prince alarmé posait un doigt sur ses lèvres. — Souvenez-vous, poursuivit-elle sourdement, que Philippe II vous a toujours refusé de l'or, et toujours envoyé des soldats... C'est que son or vous eût réellement servi, messire, tandis que ses soldats ne servent que lui-même... Toute sa politique est là!... En ce moment peut-être, les États de la Ligue délibèrent à Paris pour élire un roi de France... Si le parti espagnol l'emporte, si l'Infante Isabelle est proclamée Reine, ou seulement femme du Roi, vous verrez Philippe II lever enfin le masque, s'emparer de la Bretagne comme de la France, et vous offrir, du haut de son trône, un brevet de gouverneur !... Par les hermines ducales !... Mieux vaudrait nous ensevelir vivants sous les ruines de notre dernier château !...

— Vous savez bien que je n'y faillirais pas, madame ! répondit Mercœur avec intrépidité. Mais nous n'en sommes point réduits là... Et j'ai encore besoin des Espagnols !

— C'est vrai ! murmura la duchesse, en froissant une bourse de velours qu'elle tenait à la main, et qu'elle considérait avec une complaisance mystérieuse. Mais, ajouta-t-elle solennellement, le moment est venu, messire, de prendre devant les Espagnols, devant la Bretagne, devant la France, devant le monde entier, la position que vous auriez dû prendre tout d'abord !

— Quelle position? demanda le duc avec une indécision mêlée d'impatience.

— Celle-ci, monseigneur! repartit la princesse, en jetant sa bourse sur la table.

Il s'en échappa vingt pièces d'or et d'argent toutes neuves, sur lesquelles Mercœur reconnut son effigie avec ces mots :

— PHILIPPE-EMMANUEL Ier, DUC DE BRETAGNE.

Ces pièces avaient été frappées récemment à la monnaie de Nantes, et reçues le matin même par la duchesse (1).

En voyant ainsi divulgué et consacré, pour la première fois, l'ambitieux projet qu'il cachait depuis si longtemps au fond de son âme, le saisissement et la pâleur du prince furent tels, qu'il retomba comme anéanti dans son fauteuil, en regardant ses conseillers avec une muette épouvante. Puis, voyant les yeux de ceux-ci refléter l'étincelle patrio-

---

(1) L'auteur possède une de ces pièces valant deux louis.

tique qui, des médailles brillantes, semblait avoir passé dans le regard de la duchesse, il allait se relever par une de ces résolutions d'autant plus violentes qu'elles étaient plus rares, et laisser tomber sur son front trempé d'une sueur froide cette couronne ducale qui lui avait donné tant de vertiges... lorsqu'une sentinelle parut effarée dans la salle, et annonça un message de la plus haute importance.

Mercœur tressaillit et passa une main sur ses yeux, comme un homme qui sort d'un rêve...; puis, cachant dans son sein les terribles pièces, il fit introduire le messager, — qui n'était autre que le chevalier César, actuellement au service de la Ligue.

Il va sans dire que l'ex-huguenot prodiguait les signes de croix les plus édifiants, et portait en ce moment une écharpe du plus admirable rouge, — si toutefois on en pouvait démêler la couleur sous la poussière et la fange dont il était couvert. On voyait qu'il venait de faire une de ces courses héroïques, au bout desquelles il est permis de tomber mort, comme le soldat de Marathon.

Mais ce n'était point la nouvelle d'une victoire que César apportait au prince ; car celui-ci n'eut pas plutôt ouvert les papiers déposés en ses mains, que le trouble auquel il était en proie tourna au plus complet abattement. Sa pâleur devint celle de la mort ; ses yeux se troublèrent, ses genoux fléchirent ; la dépêche tomba de ses doigts tremblants, et il ne put que balbutier : — Tout est fini !...

— Qu'y a-t-il donc ? s'écrièrent les gentilshommes et la duchesse épouvantés.

Et celle-ci, relevant la lettre, y lut ces mots tracés à la hâte :

Les États de la Sainte-Union sont dispersés. Mayenne a fait sa soumission. L'Infante

EST REPARTIE POUR L'ESPAGNE. HENRI IV EST ENTRÉ DANS PARIS, APRÈS AVOIR ABJURÉ LE CALVINISME. IL EST ABSOUS ET RECONNU PAR LE PAPE. LA LIGUE EST FRAPPÉE DE MORT DANS TOUTE LA FRANCE. LE ROI EN PERSONNE MARCHE SUR LA BRETAGNE AVEC VINGT-CINQ MILLE HOMMES (1). FAUT-IL SE SOUMETTRE OU FAUT-IL MOURIR ? NOUS ATTENDONS VOS ORDRES.

GASSION,
Gouverneur du château de Nantes.

En entendant ces sinistres paroles, et en voyant le morne silence dont elles furent suivies, le chevalier, qui s'était cru chargé de nouvelles dignes d'une haute récompense,

---

(1) Comme nous avons fait pour des incidents moins graves, nous rapprochons ici les événements qui fixèrent le sort de la France. Ces anachronismes sont un droit du romancier quand ils ne changent rien d'ailleurs à la nature des faits.

recula avec la plus piteuse grimace, comme un danseur qui aurait mis le pied sur une couleuvre.

— Ventre-de-loup! se dit-il en serrant son écharpe dans sa poche, je porte malheur à tous les partis que je sers!... Dans l'intérêt général... et dans le mien... je dois désormais rester neutre...

Et il sortit, après avoir juré le plus profond secret au duc de Mercœur... Mais, au bout d'une heure, il reprenait la route de Nantes, et tout Kemper savait la fatale nouvelle...

C'est alors que la ville entière avait jeté ce grand cri, qui était parvenu jusqu'à la prison du Ligueur... Il lui fut impossible, et sans doute indifférent, d'en savoir à ce moment la cause; puis fermant la fenêtre de la tour, comme son esprit se fermait au monde, il s'agenouilla sous la main du prêtre avec

Aliénor, — et tous deux se relevèrent unis pour jamais devant Dieu...

Ah! qu'importait à Mor-Vaniel que la Ligue ou le Roi fût vainqueur, que la France ou la Bretagne fût perdue ou sauvée?... Que lui importaient toutes les choses de la terre, à lui dont l'âme entrait au ciel?...

Il en retomba pour entendre sa condamnation à mort, que le greffier du conseil vint lui lire, — et dont l'exécution devait avoir lieu le lendemain.

—O mon Dieu! je suis arrivée trop tard!!... balbutia mademoiselle du Liskoët.

Et messire Alain l'emporta évanouie, tandis que le Ligueur se relevait, comme un malade qui sort du délire.

Le lendemain matin, le confesseur de Mor-Vaniel et son compagnon rentrèrent pâles et abattus dans la tour. Aliénor s'était vainement jetée suppliante aux genoux de monseigneur du Liskoët. Le terrible prélat n'avait eu que des paroles de blâme pour une union qu'il trouvait sacrilége, et la mort du brigand lui semblait une délivrance providentielle pour mademoiselle du Liskoët. L'heure approchait où les arquebusiers du château, armés de la sentence du conseil, viendraient l'exécuter sur la personne du Ligueur. Messire Alain et Aliénor s'étaient promis de lui cacher jusqu'au dernier moment les fatales nouvelles de Nantes ; et si la jeune fille arrivait avec l'espoir de le sauver encore, le recteur ne songeait qu'à le disposer à paraître devant Dieu...

Mais une voix plus puissante plaidait à cette heure même la cause de Mor-Vaniel...

Dans la salle du Gué-Odet, Mercœur était seul avec Marie de Bretagne et un troisième personnage. Ce personnage était Tré-Maria, mandé secrètement par la duchesse.

A force d'exhortations, de prières et de menaces, l'héritière des Penthièvres avait rendu à son mari cette résolution si difficile à soutenir, et qui était d'autant plus extrême cette fois, que le désespoir l'avait inspirée.

Tout prétexte de Ligue étant aboli par l'abjuration de Henri IV, deux chances de salut restaient au duc de Mercœur : l'Armada espagnole, et les paroisses armoricaines. L'Armada ne pouvait tarder à reparaître, bien que son retard fût de plus en plus inquiétant; et Tré-Maria promettait dix mille hommes contre l'évasion de Mor-Vaniel le Ligueur. Aussitôt que ce double secours serait assuré, le parlement de Nantes déclarait Philippe-Emmanuel duc de Bretagne... Toutes les villes, toutes les tourelles et tous les clochers de son obéissance arboraient les hermines ducales à la place de l'étendard de la Ligue... Et la question nationale, reculant d'un siècle, remontait au point où l'avait laissée François II! Sublime et admirable coup de théâtre qui fixait l'attention du monde entier sur Mercœur, et le laissait seul, au milieu de la scène balayée, vis-à-vis du roi conquérant de la France! Quelques vertiges que lui donnât une ascension si périlleuse et si rapide, le prince y apportait l'intrépidité qui l'accompagnait sur les champs de bataille... et il ne lui restait plus qu'à signer le sauf-conduit de Mor-Vaniel...

Marie de Bretagne le lui mit sous les yeux d'une main qui tremblait d'émotion; et, attribuant à la terreur cet effet d'un tout autre sentiment, le prince laissa tomber la plume, et consulta la duchesse d'un dernier regard... Mais celle-ci lui répondit par un geste si énergique, par un sourire si radieux, que, n'hésitant plus, il signa le sauf-conduit!...

— Et maintenant, salut à monseigneur le

duc de Bretagne! s'écria la princesse en saisissant le papier, comme elle eût saisi sa couronne. De peur que ce sauf-conduit n'arrive trop tard, je vais le porter moi-même au prisonnier!

Elle sortit par une porte, pendant que Tré-Maria sortait par l'autre; et le duc, s'agenouillant devant son crucifix et son reliquaire, pria, comme faisaient les chevaliers à la veille des armes.

Au bout d'une demi-heure, il priait encore, sans entendre le grand bruit et l'agitation menaçante de la ville, lorsqu'un courrier qui venait de la mer entra précipitamment dans la salle :

— Monseigneur, l'Armada de cent vingt voiles espagnoles a été assaillie par une tempête, en vue de la pointe de Saint-Matthieu; soldats et navires ont été engloutis ensemble, et il n'est resté qu'une caravelle et quatre hommes pour en porter la nouvelle à Brest. Dieu ait pitié de ces vingt mille âmes, et sauve la terre de Bretagne!...

Mercœur regarda fixement le courrier, ne trouva pas un mot à répondre, et retomba le front penché sur son reliquaire.

Un quart d'heure après, un second courrier entra, tout habillé de noir. Celui-ci arrivait de Vannes, et il parla ainsi :

— Monseigneur, le prince de Bretagne, votre fils, vient de mourir subitement au château de l'Hermine. Messire d'Aradon, le gouverneur, m'a dépêché pour vous annoncer cette triste nouvelle (1). Dieu donne ses consolations à monseigneur, et sauve la terre de Bretagne!...

---

(1) Ce fils du duc de Mercœur n'était âgé que de quelques mois. C'était le seul héritier mâle du nom de ce prince. Brulé de Montpleinchamp affirme avec aplomb « qu'il promettait fort d'être l'héritier des vertus et du courage de son père. »

Le duc de Mercœur poussa un long soupir, et deux larmes tombèrent de ses yeux sur le crucifix que pressaient ses lèvres...

Bientôt un troisième courrier, trompette au régiment du prince, entra à son tour et lui dit : — Monseigneur, vos deux mille chevau-légers et carabins, campés à Lok-Maria et à Poulguinan, viennent, en apprenant les nouvelles de Paris et de Nantes, de gagner les quartiers du maréchal à Krozon, avec armes et bagages...

Ce dernier courrier sortait à peine, qu'un quatrième arrivait sur ses pas :

— Monseigneur, vos villes et cantons de Kemperlé, de Blavet, de Ploermel, de Redon et de Pontivy ont arboré l'écharpe blanche, et fait leur soumission aux commissaires du roi de France et de Navarre.

Alors, au milieu des cris confus poussés autour de l'hôtel de ville, un conseiller de justice parut, apportant aussi sa nouvelle.

— Monseigneur, le Présidial de Kemper et le Procureur des Bourgeois vous demandent audience, pour envoyer au roi Henri IV, absous et reconnu par le Pape, leur désistement de la Ligue, et l'hommage de leur obéissance...

Ici enfin un mouvement d'impatience tira le prince de sa morne stupeur, et il répondit avec dignité :

— Que MM. les Conseillers et M. le Procureur attendent... Nous nous occupons d'affaires plus pressées que les leurs !

En même temps, un des gardes de la milice vint annoncer que messire Odet de La Noue, commissaire du maréchal d'Aumont, demandait à présenter au prince les propositions et sommations de son maître.

Le jeune capitaine fut introduit presque aussitôt, et les lettres qu'il remit au duc lui portèrent le dernier coup.

Ces lettres annonçaient l'arrivée de Henri IV à Angers, et sommaient Philippe-Emmanuel d'aller immédiatement faire ses soumissions, sous peine de se voir poursuivi comme coupable de haute trahison et de lèse-majesté divine et humaine. Des passe-ports pour le duc et pour la duchesse étaient joints à la dépêche du maréchal.

Lorsqu'il eut achevé cette lecture, Mercœur demeura longtemps immobile et pensif, embrassant d'un sombre coup d'œil toute la profondeur de sa chute, à côté de l'élévation qu'il rêvait tout à l'heure !... Il fut tenté de déchirer les lettres du maréchal, et de s'ensevelir sous les ruines de quelque forteresse... Mais le souvenir de son fils qui n'était plus, l'image de sa femme périssant avec lui, celle de la fille qui lui restait encore, le retinrent par le cœur au bord de l'abîme, il se résolut à consommer son sacrifice.

— Allons! dit-il, le réveil est cruel! « mais « j'ai fait un beau rêve, et il a duré dix ans! »

Et, donnant sa signature à La Noue, il prit les passe-ports du maréchal, et promit d'être sous huit jours à Nantes.

— Maintenant, ajouta-t-il, en retombant dans son fauteuil, faites entrer MM. les Conseillers du Présidial...

Cependant la duchesse de Mercœur, ignorant toutes ces choses, était arrivée à la prison du Ligueur. Une large mante cachait son visage, et deux femmes seules la suivaient, suivies elles-mêmes d'un écuyer de corps. Elle les laissa à la porte du château, s'arrêta palpitante à l'entrée de la cour... puis traversa rapidement le pont-levis... Dans le vestibule désert qui précédait l'escalier du captif, elle se trouva face à face avec messire Alain et l'enfant de chœur, qui descendaient cet escalier... Un cri soudain échappé à celui-ci, ses longs cheveux bruns et bouclés, la blancheur et la finesse de son visage et de ses mains, ses sanglots surtout et ses larmes trahirent le sexe d'Aliénor aux yeux perçants de la duchesse... Et, comme elle-même avait été reconnue par le recteur, les deux femmes restèrent immobiles et frémissantes l'une devant l'autre... Dire tous les mouvements de jalousie et d'intérêt, de méfiance et de sympathie qui ébranlèrent à la fois ces deux âmes, serait une chose impossible !... Mais Aliénor, qui courait justement, dans son désespoir, se jeter aux pieds de la duchesse de Mercœur, n'eut pas plutôt entendu prononcer ce grand nom par messire Alain, qu'oubliant tout autre sentiment pour celui de son amour, elle embrassa les genoux de sa rivale et lui demanda la grâce de son mari...

— De votre mari ! s'écria la princesse, qui recula de trois pas en arrière, en portant une main sur son cœur, comme frappée d'un coup mortel...

Et l'homme de Dieu, qui venait d'entendre les secrets du Ligueur avec sa confession suprême, ne put regarder sans pâlir et sans trembler le conflit de ces deux amours brisés l'un contre l'autre...

Les terreurs exprimées par le visage d'Aliénor furent déchirantes ; mais rien n'égala l'orgueilleuse fureur qui respirait dans les yeux de la princesse.

Ainsi l'amour et le cœur de Mor-Vaniel, ce cœur où elle tenait à régner plus encore qu'en Bretagne, une jeune fille inconnue les lui avait dérobés... sans qu'elle en sût rien !... Cet homme, dont elle avait fait la fortune et le nom, la puissance et la gloire ; cet homme qu'elle croyait fier de traîner son char vers le trône ducal ; cet homme appartenait à une autre qu'elle-même !...

Aliénor n'avait plus la force de demander la grâce du Ligueur; Marie de Bretagne n'avait plus la générosité d'accorder cette grâce...

— Qui êtes-vous, malheureuse?...

— Que venez-vous faire ici, madame?...

Ces deux questions se croisèrent plus vivement que le fer dans les mains de deux combattants acharnés...

Aliénor balbutia son nom et son histoire; et son dernier mot fut encore : — Grâce pour mon mari!...

Tant de dévouement toucha enfin le cœur de la duchesse, et fut une leçon pour sa magnanimité... Essuyant d'une main fière les larmes qui tombaient de ses yeux, et se relevant avec la dignité d'une reine qui remonte sur son trône :

— Soyez heureuse comme vous êtes aimée, enfant!... dit-elle en tirant le sauf-conduit de sa poitrine, et en le remettant à

Aliénor. Voici la vie et la liberté de M. de Portzampark... Qu'il reçoive l'une et l'autre de vous seule!...

Mademoiselle du Liskoët jeta un cri de reconnaissance ; elle couvrit de baisers et de larmes la main de la princesse ; et l'une allait se retirer, tandis que l'autre courait à la tour, lorsqu'une foule agitée passa dans la rue, criant : — La Ligue est morte. — Vive le Roi !...

Quelques instants après, une seule voix répondit : — Vive la Bretagne ! — Et une détonation de vingt arquebuses glaça les deux femmes d'épouvante...

Entraînées par le même pressentiment, toutes deux s'élancèrent vers le point d'où partait cette détonation ; et, arrivées dans le chemin de ronde qui suivait les fondements de la tour, elles s'arrêtèrent avec un cri affreux, réunies dans le même embrassement...

Mor-Vaniel gisait à terre, percé de vingt

balles. Sa figure seule n'avait pas été atteinte, et gardait encore sa grâce et sa fierté... Ses cheveux blonds flottaient dans un ruisseau de sang vermeil; sa main droite était étendue comme pour le commandement, et sa main gauche pressait contre ses lèvres la petite croix de madame du Liskoët... Auprès de lui, son chien palpitait, frappé de mort, léchant, dans une dernière convulsion, les blessures de son maître... Les soldats s'éloignaient silencieusement, en désarmant leurs arquebuses; et un homme enveloppé d'un manteau se penchait sur le cadavre, comme pour en respirer l'odeur...

La duchesse recula d'horreur, en reconnaissant don Juan d'Aquila; Aliénor se jeta inanimée sur le corps de son mari, et messire Alain tomba sur les genoux, levant ses mains tremblantes vers le ciel...

Pendant que les deux femmes s'oubliaient

dans leurs angoisses et dans leurs confidences, l'heure fatale avait sonné au beffroi de la tour, et les arquebusiers, surveillés par le coronal, avaient fait leur devoir. Le condamné pouvait exiger le sursis de grâce en attendant le retour d'Aliénor, et il allait en effet le réclamer... lorsqu'une voix fatale était parvenue jusqu'à lui.

Cette voix lui avait appris le triomphe des Royaux, la soumission de Mercœur, l'assujettissement de son pays et la ruine de ses propres espérances... Alors Mor-Vaniel, faisant un signe aux arquebusiers, s'était précipité au-devant de la mort, et rejoint par Pen-Ru, qui l'attendait depuis huit jours à la porte du château, il était tombé avec lui en criant :
— Vive la Bretagne !...

Un long silence suivit cette scène, — interrompu seulement par les clameurs du peuple, et don Juan d'Aquila s'éloigna d'un côté, pendant que les femmes de la duchesse l'entraînaient de l'autre...

Lorsque Aliénor reprit connaissance, elle ne se trouva plus seule avec messire Alain. Un autre vieillard était là, immobile et muet, stupide et sourd, couvert de sueur et de sang, de poussière et de larmes...

Ce vieillard était Merlin le Pillaouer.

ALIÉNOR.

Épilogue.

HENRI LE GRAND.

L'ÉDIT DE NANTES.

Avant la fin de la semaine, le maréchal d'Aumont rentrait dans Kemper, le duc de Mercœur se rendait à Nantes, et ses députés le précédaient auprès de Henri IV, qui venait d'arriver triomphant à Angers.

« Allez annoncer à votre maître et mon

« serviteur, leur dit fièrement le Roi, que
« je suis résolu de me faire duc de Bretagne,
« de nom et d'effet; que j'y porte la paix et
« la guerre; que j'y châtierai les opiniâtres,
« et pardonnerai à ceux qui de bonne heure
« se reconnaîtront. Ajoutez que M. de Mer-
« cœur eût mieux fait de traiter avec nous
« dans les faubourgs de Paris que dans ceux
« de Nantes. Les plus courtes folies sont les
« meilleures. »

Quand le prince de Lorraine reçut cette réponse, il vit qu'il était perdu, si une puissante médiation ne lui venait en aide... Alors la duchesse de Mercœur se rendit secrètement au Pont-de-Cé, où elle passa deux jours avec la femme qui régnait sur le Béarnais, comme le Béarnais régnait sur la France. Cette femme était Gabrielle d'Estrées, marquise de Monceaux. Elle avait du Roi un fils, Monsieur, César de Vendôme. L'héritière des

Penthièvre promit à cet enfant la main de sa fille unique... et le duc de Mercœur fût sauvé!... « Ainsi Dieu voulut, dit M. de Mesmeur, que l'ambition de la maison de Lorraine, combinée avec les droits de Marie de Bretagne, aboutît au mariage de Françoise de Lorraine, duchesse d'Étampes, de Mercœur, de Penthièvre, princesse de Martigues, fille unique du duc de Mercœur, arrière-petite-fille de Renée de Bretagne, — avec César, duc de Vendôme, fils bâtard de Henri IV et de Gabrielle d'Estrées!!! » *Sic transit gloria mundi.*

« Madame de Monceaux, raconte dom Taillandier, pour faire sentir à la duchesse les effets de sa complaisance, la fit monter dans sa litière, et la conduisit près du roi, à Angers... Elles y entrèrent toutes deux comme en triomphe, les mantelets levés, afin que le peuple fût témoin des honneurs qu'on rendait à la duchesse... Cet air de faveur, répandu sur madame de Mercœur, releva le courage des députés du duc, et ils obtinrent du Roi des conditions beaucoup plus favorables qu'ils n'avaient osé l'espérer. »

Toutefois Mercœur se vit dépouillé du gouvernement de Bretagne, dont fut revêtu César de Vendôme. Henri IV lui donna, en dédommagement, amnistie pleine et entière pour lui et tous ses serviteurs; une somme de douze cent mille livres, avec une pension annuelle de seize mille six cent-soixante-six écus, et trois cent mille livres pour être distribuées à ses capitaines; une compagnie de cent hommes d'armes pour sa garde, et cinquante soldats pour ses châteaux de Guimgamp, Moncontour, Lamballe, et Isle-de-Bréhat. — Il va sans dire que les Espagnols quittèrent l'Armorique.

Tout compte fait, Paris n'avait coûté

qu'une messe au Béarnais ; la Bretagne lui coûta quatre millions.

Aussi, le sage Rosni gronda-t-il fort son maître, lorsqu'il lut le traité conclu avec le duc de Mercœur ; et voyant Henri prodiguer « par-dessus le marché » ses plus galants sourires à Marie de Bretagne et aux jeunes beautés qui l'entouraient, il lui reprocha de s'être laissé vaincre par un « escadron de femmes. »

— « Jarni Dieu ! mon ami, c'est vrai, répondit le prince en souriant ; mais je n'ai jamais vu sur les champs de bataille d'escadron plus périlleux que celui-là ! »

Henri IV entra dans Nantes au bruit de toutes les cloches de Saint-Pierre, de tous les canons du château, de toutes les acclamations du peuple ; et le duc de Mercœur lui fit publiquement ses soumissions, comme à son souverain seigneur et roi.

— « Ventre-saint-gris ! s'écria le monarque en franchissant le pont-levis de la vieille forteresse, on voit que les ducs de Bretagne n'étaient pas de petits compagnons ! »

Puis, ses courtisans lui faisant remarquer combien la Ligue avait changé la face des choses dans la ville de Nantes :

— « Ne vous en étonnez pas, leur dit-il, quand le maître n'est point en sa maison, tout y tombe en désordre ; mais dès qu'il revient au logis, sa présence y sert d'ornement ; et tout y profite à l'entour. — D'ailleurs, ajouta-t-il gaiement, si j'ai encore des ennemis en Bretagne, je leur veux faire tant de bien, qu'ils m'aimeront malgré eux !... »

Le lendemain, en effet, HENRI LE BÉARNAIS signa le célèbre édit qui devait lui valoir le nom de HENRI LE GRAND ; — édit qui cicatrisa toutes les plaies de la France, et commença la pacification de l'Europe, en donnant aux calvinistes, comme aux catholiques, la première des libertés : la liberté de conscience!...

— « Allons! dit le Roi, quand il eut achevé cet acte immortel, j'ai gagné les enjeux contre les Huguenots, les Ligueurs et le Tiers-Parti (1). J'ai quitté le huguenotisme, je suis bon catholique; j'ai repris femme et j'ai des enfants qui me succéderont, s'il plaît à Dieu. »

Le jour même où il rendit l'Édit de Nantes, Henri le Grand mérita un titre plus glorieux encore. Il donnait audience, dans la grande salle du château, à quiconque avait une plainte ou une demande à lui faire. Messire Odet de La Noue entra, suivi d'une espèce de vieux mendiant breton, qui divertit fort l'assistance. Le jeune capitaine se plai-

(1) Qui croyait que Henri ne se pourrait jamais remarier.

gnit hautement d'être harcelé par ce créancier jusqu'aux pieds du Roi.

— Vous avez tort de vous plaindre, répondit Henri, « il faut que chacun paye ses dettes!... Je paye bien les miennes (1)!... »

Mais comme il parlait ainsi, il jeta un coup d'œil au vieillard, et il ne put retenir un éclat de rire, en reconnaissant Merlin le Pillaouer !...

La Noue raconta comment l'usurier, n'ayant plus rien à saisir sur le baron de Rustéfan, se retournait contre lui-même et voulait saisir, faute de mieux, sa propre personne... Alors le monarque cessa de rire, et

(1) Cette réponse de Henri IV au jeune La Noue est historique, ainsi que le trait suivant et tous les détails de cet Épilogue. La mort héroïque de La Noue Bras-de-Fer au siége de Lamballe, que nous regrettons vivement de n'avoir pu mettre en scène, avait laissé le fils de ce grand homme dans un état voisin de l'indigence; et il fallut toutes les bontés du Roi pour remettre à flot le digne héritier de son maître. (*Biogr. Univers.*)

prit à part le jeune capitaine. Il se fit raconter en détail toute son histoire et celle de Liskoët, depuis le siége de Beauvoir ; et deux larmes tombèrent de ses yeux, quand il apprit les malheurs du baron de Rustéfan... Puis il demanda à La Noue combien il devait au Pillaouer?

— Je lui devais trente mille livres, en comptant les intérêts, Sire. Une main inconnue m'a fait remettre la moitié de cette somme. Il me manque encore cinq mille écus...

— Les voici ! reprit le roi, qui donna au capitaine un bon sur sa cassette... — Je ne fais que mon devoir, ajouta-t-il, car j'étais aussi caution de la dette de la Bonnetière !...

Merlin échangea le contrat fatal contre le bon du roi, et se retira après avoir témoigné à celui-ci autant d'admiration qu'il lui avait jadis montré de défiance... Toutefois, sa figure octogénaire ne laissa voir aucun signe de joie ; car l'époux de Martha ne souriait plus, même en touchant de l'or, depuis que la mort de Gwenaël avait fait tomber ses derniers cheveux blancs.

En même temps le Roi fit dresser et remit à La Noue un brevet de capitaine et un brevet de colonel de sa garde. Ce dernier grade était le plus grand honneur qu'il pût faire à personne.

— Le premier est pour vous, messire Odet, dit-il ; portez le second de ma part au seigneur Bertrand du Liskoët...

— Ah ! Sire, s'écria La Noue, en se jetant aux pieds du roi, ce n'est pas seulement Henri le Grand, c'est encore Le Bon Henri qu'il faut vous appeler !

Pressé de remplir sa mission, le jeune capitaine partit dès le lendemain pour la Cornouaille. Il trouva Liskoët chez messire Alain, gardien toujours fidèle de l'hérétique, entre Blanche et Aliénor, qui avait puisé dans sa foi nouvelle la force de revenir à Pont-Aven. Sa douleur et son deuil lui avaient mérité le pardon de son père, qui sentait d'ailleurs toutes ses colères près de s'éteindre avec sa vie... Cependant le triomphe du Béarnais ranima son vieux compagnon; et quand le brevet de colonel des gardes lui fut remis, il lui sembla que toute sa vigueur allait renaître; il quitta son lit, se fit armer de pied en cap, reprit et baisa sa lourde épée, et, quoi que pussent faire ses filles pour le retenir, il partit avec elles pour Rennes, où le Roi venait de se rendre... Mais un tel effort de dévouement acheva d'épuiser ses forces, et il ne put qu'arriver jusqu'à Henri, dans les bras duquel il rendit son dernier soupir, qui fut encore le cri de vive le Roi!...

Quelques instants auparavant, supplié par Aliénor et Blanche, au nom de la mémoire de la baronne, de revenir à la religion catholique, le vieux protestant avait refusé en disant d'une voix encore ferme : — J'ai vécu et je mourrai calviniste !... Dieu me pardonnera si je me trompe... Et le ciel ne me sera pas fermé, s'il s'ouvre aux bonnes intentions !...

Ce fut alors que La Noue apprit d'Aliénor le doux secret qu'il n'avait jamais soupçonné... Cette somme qu'une main inconnue lui avait remise, au moment des poursuites les plus acharnées du Pillaouer, cette somme était la dot fournie par Blanche au prieuré de Lok-Maria, dot qui avait été rendue à la jeune fille après sa sortie du couvent, et dont elle avait tacitement disposé en faveur de messire Odet. Cette révélation toucha et éclaira tout à la fois le jeune capitaine... Il se souvint à son tour de la Bonnetière, des jeux de la Demande et du Baz-Valan... Il s'expliqua les douleurs de Blanche, sa résignation et son sacrifice... et il vit que son propre cœur s'était trompé... Il rapporta donc aux pieds de mademoiselle de Tré-Anna un amour qui n'aurait jamais dû s'adresser ailleurs; et ils furent le premier calviniste et la première catholique qui usèrent pour s'unir des libertés de l'Édit de Nantes...

Déchus de leurs grandeurs et désabusés de leurs espérances, le duc et la duchesse de Mercœur quittèrent la France et la Bretagne. Le duc devint généralissime des armées de l'empereur Rodolphe, et déploya dans les guerres de Hongrie ses talents et sa valeur militaires. Attaqué en Styrie par trente mille Turcs, lorsqu'il n'avait lui-même que dix mille hommes, il fit une retraite que les connaisseurs comparent à celle de Xénophon; et il mourut à quarante-quatre ans à

Nuremberg, en reprenant le chemin de la France. Marie de Bretagne ne lui survécut pas longtemps, et elle emporta dans son linceul les hermines ducales...

Don Juan d'Aquila, dédaigné, mais vengé, avait ramené en Espagne les derniers soldats de Krozon sur les dernières galères de Blavet ; tandis que Tré-Maria, défendant jusqu'au bout la sainte Ligue, s'était fait tuer devant Concarneau, à la tête d'une compagnie de paysans.

Lézonnet retrouva dans le gouvernement de Konk la récompense de sa politique, et La Fontenelle reçut celle de ses crimes en place de Grève, où il fut roué vif par ordre du Roi.

Alors la Bretagne, vaincue pour la seconde fois, mais consolée par son vainqueur, se laissa bercer dans une paix profonde, sous l'œil paternel de Henri IV. Toutefois, ses plaies ne purent se refermer sans l'affaiblir, en attendant le jour où elles devaient se rouvrir encore... et la Cornouaille ne devait jamais retrouver sa florissante population, ses hanaps d'argents, ses beaux écus d'or, et ses heureux jours tranchés par le poignard de La Fontenelle, par les épées espagnoles et par la dent des loups...

Le docteur Salomon, la dame de Koatkatar et messire Olarius avaient quitté le diocèse de Kemper, où leur religion demeurait interdite, et s'étaient rendus de compagnie à Rennes... Là, l'amoureuse du Béarnais eut la douleur de n'être pas reconnue par Henri IV, quoiqu'elle-même s'évanouît d'émotion à sa vue... et on juge que ce désenchantement donna beau jeu à la passion toujours croissante du ministre... Amice allait par dépit couronner enfin ses vœux, en lui accordant sa main, lorsqu'au milieu même de la cérémonie nuptiale, le chevalier César de Listenac tomba comme une bombe entre les époux... Hélas! ainsi que la pauvre dame en avait eu le pressentiment, le chevalier César de Listenac et le chevalier Bayard de Lantagnac étaient tout un ; car l'aventurier gascon ne s'était tué qu'en effigie, pour reprendre la liberté du célibat. Après avoir conservé cette position tant qu'elle lui offrit des avantages, il jugea à propos de ressusciter, pour empêcher sa femme de convoler en secondes noces, et pour retrouver auprès d'elle ce qui commençait à lui manquer : le vivre et le couvert, bon souper, bon gîte... et le reste.

Maître Salomon vit enfin qu'il fallait renoncer au mariage, et que sa destinée était de mourir garçon, par la main de quelque brigand ou de quelque aventurier. La réapparition de César ranima tellement chez lui ses anciennes terreurs, qu'il se rappela n'avoir point encore rempli son serment, relativement à sa rançon ; — et pour mettre à la fois sa conscience et sa vie en repos, il reprit le chemin de la Cornouaille, avec les deux cents livres qu'il devait aux bandits...

— Ils les prendront ou ils ne les prendront pas, se dit-il ; j'aurai fait mon devoir, et je vivrai tranquille !...

Notre pèlerin arriva ainsi, par un beau soir, à la croix de Tré-Konk, s'assura par un long regard qu'il était seul sur la route, déposa pieusement sa bourse dans la cachette indiquée... et s'éloigna en soupirant le verset du livre de Job :

— *Nudus egressus sum de utero matris meæ, et nudus revertar illuc. Dominus dedit, Dominus abstulit : sit nomen Domini benedictum !*

En même temps une voix plaintive sembla sortir des broussailles voisines :

— *Démad-d'hoc'h, ma otrou ; Doué ho pénigo!*
(bonjour, monseigneur! Dieu vous bénisse!)
Ayez pitié du pauvre mendiant, du pauvre
aveugle, du pauvre paralytique, du pauvre
père de famille! etc., etc.

Et Salomon recula de surprise, à l'aspect
d'un vieillard tout couvert de plaies et de
haillons ; mais il se rassura en voyant qu'il
était réellement privé de la lumière, et il lui
jeta le dernier sou qui lui restait...

Il se fût, certes, repenti de cette charité,
s'il était revenu sur ses pas quelques instants
après, car à peine l'aveugle-paralytique l'eût-
il perdu de vue, qu'il courut vivement à la
croix et dénicha les deux cents livres...

On a reconnu l'ancien compagnon du chevalier César, le mendiant-assassin Luk-er-
Moué, revenu à son premier état depuis l'É-
dit de Nantes.

— Et le Pillaouer? nous demandera-t-on,

et Piarik? et messire Alain? et Olarius? et surtout Aliénor?...

Le Pillaouer, tout en pleurant Gwenaël, continua d'entasser trésors sur trésors et de les enfouir au pied des dolmens, jusqu'à ce qu'il les rejoignit sous la terre, sans indiquer la place où ils étaient cachés... Alors Piarik recouvra la liberté avec l'ouïe et la parole, et trouva enfin dans la dépouille de Merlin de quoi s'acheter une paire de galoches ! Rendu tout entier aux malheureux, aux pauvres et aux malades, messire Alain reprit son bâton de pasteur, ramena dans Pont-Aven l'union, la paix et le bien-être... et porta chaque soir une prière et une larme au tombeau de madame du Liskoët... Olarius entra au service de M. de La Noue, chez lequel il continua de manger, de boire, de dormir... et de faire d'admirables confitures. — Toutes les biographies de Henri IV nous apprennent l'histoire d'Iwen-Vraz. Après avoir accordé à ses prières et à ses pèlerinages l'abjuration d'Aliénor, la conversion du Roi et la pacification de la France, le ciel combla les vœux du pieux trompette en l'élevant à la dignité de sergent dans la garde royale. Or, un jour que Henri IV traversait Paris en carrosse, il reconnut l'ancien arquebusier de Beauvoir galopant à sa portière, et il dit en souriant aux seigneurs qui étaient dans la voiture :

— Voyez-vous ce superbe garçon, messieurs ? c'est le soldat qui voulut me tuer au siége de Beauvoir !... Je vous jure que si un autre me tue jamais, c'est que ce brave ne sera pas là pour me défendre...

Hélas ! Iwen n'était pas là, en effet, le jour où Ravaillac frappa le bon Henri !...

Quant à mademoiselle du Liskoët ou madame de Portzampark, on comprend que nous n'avons rien négligé pour découvrir ce qu'elle était devenue. Nous ne l'avons découvert que l'an dernier, et voici comment : Nous visitions, avec la curiosité d'un antiquaire, les restes du couvent et de la chapelle de Lok-Maria. Après avoir fouillé tous les recoins des salles, des escaliers, du préau, des jardins ; après avoir interrogé toutes les tombes et toutes les croix du cimetière, nous examinions avec la même minutie les moindres détails de l'église, monument d'architecture gothique-lombarde dont la fondation remonte jusqu'au dixième siècle (1). Passant

(1) Situé, comme nous l'avons dit, sur l'Odet, tout près de Kemper, à l'extrémité d'une magnifique promenade, la vieille église de Lok-Maria est un des premiers monuments visités par les voyageurs. Ce qu'elle offre de plus remarquable, outre une vue charmante sur la rivière et la campagne opposée, c'est un porche dont les voussures à nervures sont travaillées avec élégance et dont le sommet triangulaire est chargé de ces monstres de pierre particuliers aux édifices gothiques. On remarque encore,

du porche à la nef, de la nef aux bas-côtés, des bas-côtés au transept au chœur et à l'abside, nous avions interrogé vainement chaque pierre, chaque tableau et chaque statue,—depuis le petit saint Joseph et les deux anges en bois peint de l'autel latéral, jusqu'à la Vierge habillée de gaze qui occupe le milieu du chœur; depuis la toile grossière où pleure la Madeleine repentante jusqu'à cette Notre-Dame de Grâce, couronnée du cercle ducal et vêtue du manteau d'ermine; depuis l'énorme baptistère ou bénitier de granit qui écrase les dalles de son poids, jusqu'au reste de vitraux coloriés où le soleil se joue dans l'or et l'outre-mer, —lorsque tout à coup des inscriptions gothiques et des écussons armo-

dans l'abside, la grande arcade qui communiquait au couvent, et dont l'ouverture est maintenant condamnée. Une belle ogive flamboyante, avec quelques vitraux, domine la grande porte de la chapelle. Les bâtiments du prieuré sont occupés par la manutention des vivres de la garnison de Kemper.

riés frappèrent nos yeux, sur les pierres que
nous foulions d'un pied inattentif. Nous reconnûmes, non sans peine, que ces pierres couvraient autant de sépultures à fleur de sol,
et que chacune portait le nom, plus ou moins
effacé, d'une des prieures du couvent. Or, auprès du premier pilier de la nef, à gauche
en regardant l'autel, nous déchiffrâmes avec
émotion ces trois mots, qui complétaient
l'histoire de mademoiselle du Liskoët :

Aliénor,
Prieure de Lok-Maria
1598—1625.

FIN D'ALIÉNOR.

TABLE

DU DEUXIÈME VOLUME.

	Pages.
Deuxième partie : Marie de Bretagne.	1
— VIII. Le grand Conseil.	3
— IX. Le carneillou.	51
— X. Le château de Rustéfan.	101
— XI. La voix d'en haut.	147
— XII. Le père et la fille.	181
— XIII. Une alerte.	207
— XIV. Summa dies.	223
— XV. Lok-Maria.	267
— XVI. Événements.	507
— XVII. Les deux amours.	529
Épilogue : Henri le Grand.	561
— L'édit de Nantes.	565

A LA MÊME LIBRAIRIE.

ROMANS DE LA VIE RÉELLE.
Par Émile Souvestre.

Cette série d'études se composera de huit romans dont nous donnons ici les titres.
Les trois premiers ont paru; le quatrième est sous presse et paraîtra le 15 juillet.

Riche et Pauvre.
L'Homme et l'Argent.
La Goutte d'Eau.
Le Mât de Cocagne.

Les Deux Misères.
La Vocation.
La Boîte de Pandore.
Kergarantez.

HISTOIRE DES FRANÇAIS DES DIVERS ÉTATS aux cinq derniers Siècles, par Amans-Alexis Monteil. 8 gros vol. in-8. . . . . 64 fr.
Cet ouvrage est l'un de ceux auxquels l'Institut a décerné l'un des prix fondés par le baron Gobert pour la meilleure histoire de France et les travaux qui s'y rattachent.

HISTOIRE DES IDÉES LITTÉRAIRES EN FRANCE AU XIXe SIÈCLE et de leurs origines dans les siècles antérieurs, par Alfred Michiels. 2 beaux vol. in-8. . . . . 15 fr.

DU TRAVAIL INTELLECTUEL EN FRANCE, ou Résumé de la Littérature française, depuis 1815 jusqu'en 1837, par Amédée Duquesnel. 2 vol. in-8, 2e édition. . . . . 15 fr.

TRAITÉ DES MATÉRIAUX MANUSCRITS DE DIVERS GENRES D'HISTOIRE, par Amans-Alexis Monteil. 2 vol. in-8. . . . . 15 fr.

ÉTUDES SUR L'ALLEMAGNE, renfermant une histoire de la peinture allemande, par Alfred Michiels. 2 beaux vol. in-8. . . . . 15 fr.

ÉLIZA DE RHODES, par Amédée Duquesnel. 2 vol. in-8. . . . 15 fr.

BRUNE ET BLONDE, par Pitre-Chevalier. 2 vol. in-8. . . . . 15 fr.

RÉVOLUTIONS DES PEUPLES DU NORD, par Chopin, ancien secrétaire du prince Kourakin, ambassadeur de Russie près la cour de France. 4 vol. in-8. (Le 4e volume paraîtra en juin.) . . . . 32 fr.

LETTRES INÉDITES de mademoiselle Phlipon (madame Roland) adressées aux demoiselles Cannet, de 1772 à 1780. 2 vol. in-8. . . . . 15 fr.

WIELAND ou la Voix mystérieuse, par Brockden Brown. 2 vol. in-8. 15 fr.

HISTOIRE DES LETTRES aux cinq premiers siècles du christianisme, par Amédée Duquesnel. 1 beau vol. in-8. . . . . 7 fr. 50 c.

LA CORSE, rapport sur son état économique et moral, par Blanqui aîné. Grand in-8. 7 fr. 50 c.

HISTOIRE ÉLECTORALE DE LA FRANCE depuis la convocation des états généraux de 1789, par A. Audiganne, avocat à la Cour royale de Paris. 1 vol. in-8. 6 fr.

Sous Presse :

HISTOIRE DES FRANÇAIS DES DIVERS ÉTATS AU XVIIIe SIÈCLE, par Amans-Alexis Monteil. 2 vol. in-8.

HISTOIRE DES LETTRES depuis le Ve jusqu'au XVIe siècle, par Amédée Duquesnel. 1 vol. in-8.

L'AMIRAL DE BRETAGNE, roman inédit, par Ernest Ménard. 2 v. in-8.

LA CHAMBRE DE LA REINE, par Pitre-Chevalier. 2 vol. in-8.

LA PREMIÈRE GERBE, poésies, par Marie-Laure.

RICHE ET PAUVRE, par Émile Souvestre, nouvelle édition. 2 vol. in-8.

LES DERNIERS BRETONS, par le même, nouvelle édition. 2 vo. in-8.

EDGARD HUNTLY, ou les Aventures d'un Somnambule, par l'auteur de Wieland. 2 vol. in-8.

LA TURQUIE D'EUROPE, considérations sur son état social, par Blanqui aîné. Grand in-8.

Paris. — Imp. SCHNEIDER et LANGRAND, rue d'Erfurth, 1.

www.ingramcontent.com/pod-product-compliance
Lightning Source LLC
Chambersburg PA
CBHW050432170426
43201CB00008B/636